ESSAI

SUR

L'HISTOIRE RELIGIEUSE

DE GONESSE

au diocèse de Versailles

DEPUIS SES ORIGINES JUSQU'A NOS JOURS

Par l'Abbé F. MARÉCHAL

VICAIRE DE CETTE PAROISSE

«Les habitants de Gonesse
font le pain de la provision
de notre bonne ville de
Paris

LOUIS XIV.

1895

ESSAI

SUR

L'HISTOIRE RELIGIEUSE DE GONESSE

IMPRIMERIE MINOUFLET
VILLIERS-LE-BEL (SEINE-ET-OISE)

ESSAI

SUR

L'HISTOIRE RELIGIEUSE

DE GONESSE

au diocèse de Versailles

DEPUIS SES ORIGINES JUSQU'A NOS JOURS

PAR L'ABBÉ F. MARÉCHAL
VICAIRE DE CETTE PAROISSE

« Les habitants de Gonesse
font le pain de la provision
de notre bonne ville de
Paris »

LOUIS XIV.

1895

A Monsieur l'Abbé Charles REURE, curé doyen de Gonesse

MONSIEUR LE CURÉ,

La dédicace de mon petit ouvrage vous est bien due. Je l'ai écrit durant les longues soirées d'hiver, et pendant les quelques loisirs que me laissait l'exercice du saint-ministère.

Vous avez mis à ma disposition toutes les archives de la paroisse, vous m'avez prodigué vos conseils, vos critiques, vos encouragements ; et si ce livre voit le jour, c'est bien grâce à vous. J'acquitte donc un devoir de reconnaissance en vous en faisant hommage.

J'ai pensé aussi, que tout en rappelant les souvenirs du passé, je faisais encore œuvre utile; n'est-ce pas là toujours, la pensée première du prêtre? Je raconte donc à ces chers paroissiens dont les âmes vous sont confiées, l'histoire de leur petite ville, ses gloires et ses tristesses, pendant le cours de près de huit cents ans! C'est surtout l'histoire religieuse, la vie paroissiale de Gonesse que j'ai voulu écrire. Quel bonheur, et quelle fierté, pour nous, prêtres, de constater que pendant ces huit siècles, malgré les vicissitudes des temps, les guerres civiles ou religieuses, les tourmentes révolutionnaires, les Gonessiens sont toujours restés fidèles, ou sont revenus bien vite au culte traditionnel, à la vieille foi de leurs aïeux!

Je dois aussi remercier avec vous, tous ceux qui m'ont aidé à écrire ce petit volume. Et en rendant hommage en passant, à la mémoire de Monsieur l'Abbé Thibault votre prédécesseur, qui a mis tant d'ordre dans les archives paroissiales, je remercie la municipalité, qui a mis si obligeamment à ma disposition les documents dont elle dispose; Monsieur Léopold Delisle, membre de l'Institut à qui nous avons fait de larges emprunts; Monsieur Seré-Depoin président de la société historique de Pontoise et du Vexin; Monsieur A. Beauzamy, directeur de l'hospice de Gonesse, et tous ceux qui nous ont apporté le concours de quelque heureuse indication.

Puisse, ce petit ouvrage, que vous agréerez, j'en suis sûr, avec quelque plaisir et avec beaucoup d'indulgence, faire du bien aux âmes de vos paroissiens, et leur garder toujours vivace au fond du cœur, l'amour de ce petit coin de la Patrie qui s'appelle la ville natale.

F. MARÉCHAL.

2 Février 1895.

Chapitre Premier

GONESSE

Origine — Etymologie — Illustrations — Historiens — Paroisses —
St-Pierre — St-Nicolas — Vaudherland — l'Hôtel-Dieu.

———————

LES origines de Gonesse, selon l'expression consacrée, se
perdent dans la nuit des temps. Cependant nous n'avons pas
à remonter jusqu'à l'époque préhistorique, car il n'y a pas de document plus ancien qui fasse mention de ce lieu d'une façon certaine,
que la charte de partage des biens de l'Abbaye de Saint-Denis
sous l'Abbé Hilduin (832) confirmée dans un concile tenu à Soissons
trente ans après (862). Le nom latin à cette époque est *Gaunissa*.
La forme *Gonessa* se trouve dans un acte de 1102, publié par
M⟨r⟩ Guérard. (1)

Il paraîtrait qu'à l'époque mérovingienne, il existait un
prêtre nommé Gonesie, originaire d'un petit pays de carrières à
plâtre, situé au nord de St-Denis, lequel prêtre aurait été envoyé
par Sainte-Geneviève pour une mission de confiance. Mais si nous
entrons dans le domaine de la légende, nous pourrons nous livrer

(1) Polyptyque d'Irminon II 372

à toute sorte de suppositions. Les éléments du nom de Gonesse disent les étymologistes, se retrouvent probablement dans le nom de *Longuenesse* (*Loxonesse* et *Loconessa* à l'époque carlovingienne) et dans celui de *Longuesse* (*Longa aria*, fin du Xe siècle), mais tous ces mots, dit Mr. Léopold Delisle, sont à peu près aussi difficiles à interpréter, les uns que les autres. Peut-être aussi ce nom serait-il un qualificatif donné à la rivière du Crould à cause de la pureté de ses eaux *(Guen-is)* ? Ce qualificatif ne serait plus justifié aujourd'hui, si ce n'est à sa source. Quoi qu'il en soit, on n'a pas trouvé d'autre étymologie. Citons, pour être complet, l'opinion de ceux qui croient voir dans le vieux mot *gaunace* (étoffe de laine velue d'un côté, ou drap?) l'origine du nom de Gonesse. Ce qui est certain c'est qu'il est déjà question de Gonesse aux temps de Louis le Débonnaire comme le prouve la charte de 832; peut-être même faut-il remonter beaucoup plus haut, puisque d'après l'Abbé Lebœuf, plusieurs communes environnantes remontent à l'époque mérovingienne : Garges, par exemple *Rigargium* palais de Dagobert (635). Marly-la-Ville, *Marlacum*, palais de Thierry III (678) — Goussainville, villa de *Chunsane* femme de Clotaire I (558) — Louvres, *Lupara*, illustrée par St-Justin (IIIe siècle.)

Parmi les illustrations que Gonesse revendique, nous devons mentionner d'abord le grand souverain qui écrasa les forces germaniques dans les champs de Bouvines et arracha au léopard anglais cette splendide proie qu'il ne cessa de convoiter depuis, la Normandie, ce morceau taillé en plein dans la chair de la Patrie par l'épée du pirate Rollon.

Philippe Auguste, M. Delisle l'a bien démontré, est né à Gonesse dans un vieux castel dont il ne reste plus trace, où tant de rois ont séjourné, où, en 1218, 1236, 1247, 1254, 1262, des chartes royales constatent leur présence. Nous reviendrons plus loin à Philippe Auguste, la plus grande illustration de notre petite ville.

Le Gonessois formait, comme le Vexin, depuis Louis le gros une partie du domaine propre de la dynastie capétienne. La chronique de Tours, écrite par un contemporain, nous montre Philippe II mourant « Comme Dieu l'avait comblé de richesses, il voulut « prendre le Christ pour héritier; il donna de grands biens à « beaucoup de monastères, et à la basilique de St-Denis, il légua « Gonesse son patrimoine. » Une charte de Charles VI sur l'orche-fontaine près Versailles donnée en 1395, marque par incident que Pierre de Villiers archidiacre de Sologne tenait des hoirs de Henri de Villetain 40 arpents de terre en Gonessois. Les rois avaient à Gonesse et aux alentours, un domaine rural considérable, dont le terrier rédigé en 1298 a malheureusement péri dans l'incendie de la chambre des comptes. C'est sur la grange de Gonesse que nos souverains assignaient volontiers les redevances qu'ils accordaient libéralement, soit aux monastères ou aux hôpitaux comme legs pieux, soit à de fidèles serviteurs, comme récompense.

Chef-lieu d'une justice royale, Gonesse, dit André Duchesne, se vante du glorieux nom de ville et sous-baillage de la prévôté de Paris. Dubreuil, dans son livre des «antiquités de Paris», dit que ce bourg est prévôté et châtellenie royale, et que cette châtellenie est une des sept filles du châtelet de Paris étant du domaine du roy. Gonesse comprenait un groupe de villages très important, proba-blement les 44 paroisses qui formaient encore dans un autre ordre administratif, la subdélégation de Gonesse à la fin de l'ancien régime. Mais en 1484, on détacha de cette prévôté, quatre des plus importantes communes, Roissy en tête, et le fermier du tabel-lionage royal réclama et obtint de ce chef une diminution de sa

redevance. Au point de vue religieux, l'Église de Gonesse dépendait
de l'évêché de Paris et était depuis longtemps un doyenné important. Nous avons trouvé dans le cartulaire de N.-D. de Paris la liste
suivante des Églises qui faisaient partie de ce doyenné.

Ecclesiae pertinentes ad donationem Episcopi
In decanatu de Gonessa

Ecclesia de Argentolio	Argenteuil
Aquabona	Eaubonne
Andeliaco	Andilly
Besunt	Bezons
Baalui	Belloy ?
Bocunval	Bouqueval
Ballolio	Baillet
Bellofonte	Bellefontaine
Coia	Coyes
Bofesmont	Bouffémont
Cheneceriis	Chennevières
Cormeliis	Cormeilles
Centum Nucibus	Sannois
Chauveri	Chauvry
Erbleio	Herblay
Ermon	Ermont
Fossis	Fosses
Francorvilla	Franconville
Garges	Garges
Nolles	Houilles
Jahenni	Jagny
Montmeliant	Montmélian
Monci	?

Ecclesia de Marolio	Mareil
Mesnili Auberti	Mesnil-Aubry
Montigni	Montigny ?
Monceot	Montsoult
Mairi	Méry ?
Moisseles	Moisselles
Petra fixa	Pierrefitte
Puteolis	Puiseux
Petra lata	Pierrelaye
S^{ti} Luciani	?
Sarcella	Sarcelles
Sartrovilla	Sartrouville
Spinolio	Epinay
Soisi	Soisy
Ste Crucis	?
Telleio	Thillay
Villari Sicco	Villiers-le-Sec
Vileron	Villeron
Vemars	Vémars
S^{ti} Germani de Vilerein	?

Nous n'oserions garantir l'exactitude de cette liste ; plusieurs de ces paroisses ont sans doute disparu, nous ne pouvons, en tout cas, en préciser l'emplacement.

Revenons maintenant à l'énumération des personnages importants qui sont nés ou ont séjourné chez nous.

Philippe Auguste n'a pas été le seul à illustrer le nom de Gonesse. Nous retrouvons ce nom dans d'autres monuments que ceux de l'histoire de nos rois, soit par rapport à des gentilshommes qui l'ont porté à cause de quelque fief qu'ils tenaient du roi, soit par rapport aux biens qu'eux ou leur femme ont faits aux Églises, ou enfin relativement à quelques personnages originaires de ce lieu.

Raoul ou Radulphe de Gonesse chevalier, vivait en 1125 auquel temps Matthieu le Bel donnant son dénombrement à l'Abbaye de St-Denis, déclara que ce Raoul était son homme-lige pour trois livres (Cartul. S. Dion. Reg. p 213) Agnès femme de ce Raoul est inscrite au nécrologe de l'Abbaye d'Hérivaux.

Odon de Gonesse donna vers l'an 1138, de St-Nicolas de Senlis une pièce de pré voisine de ce monastère.

Thibaud et Odon de Gonesse chevaliers paraissent en qualité de garants dans un acte de l'Abbaye de Chaalis en l'an 1169 (Gall. christ.) Le même Odon de Gonesse se trouve aussi nommé dans un acte de 1180 qui concerne la ville de Tonnerre.

Une Mathilde de Gonesse qui pouvait avoir été leur sœur donna à l'Abbaye de Ste-Geneviève 60 sols pour la subsistance du couvent (nécrol. S. Genev.)

Guillaume de Gonesse chevalier est mentionné comme bienfaiteur dans le nécrologe de la cathédrale de Senlis écrit au XIIIe siècle.

Un nommé Guy de Gonesse, était prieur du célèbre prieuré de St-Maurice de la même ville de Senlis en 1284. Guy de Clarembault de Gonesse, était un docteur de la maison de Sorbonne, reçu en 1262 et mort en 1286 (nécrol. sorb. Catal.); c'est de sa libéralité qu'elle a deux manuscrits (cotte 165 et 500).

Robert comté d'Artois, frère de St-Louis, le héros de Mansourah tomba malade au château de Gonesse (1237). L'Abbé Chastelain dans son martyrologe, dit que St-Thomas d'Aquin vint séjourner à Gonesse, sans dire où il a puisé ce détail.

Nous ne devons pas non plus, oublier de parler de la famille de Garlande. Ce pays de Garlande antérieur au XIIIe siècle est mentionné en 1291 et plusieurs personnages en ont tiré leur nom. Nous voyons en 1105 la famille de Garlande ennemie de celle de Montlhéry-Rochefort s'unir avec le vicomte de Troyes qui avait des prétentions sur le château de Montlhéry, s'emparer dudit château et en raser la tour. En 1107, les frères de Garlande revendiquent Gournai (sur Marne), en font le siège et s'en emparent également. En 1108, Étienne de Garlande archidiacre de Paris, Anseau de Garlande sénéchal, sont appelés comme témoins de la donation de N.-D. de Longpont à Louis VI par Guy Trousseau.

En 1186, la fille du Seigneur de Livry, Blanche de Garlande, tomba gravement malade ; sa mère Idoine de Garlande fit vœu que si elle guérissait, elle érigerait une chapelle à la Vierge ; ses désirs ayant été exaucés, il s'éleva bientôt une Église, qui fut desservie par les chanoines réguliers de St-Vincent de Senlis.

Philippe Auguste fit plusieurs dons, qui firent que vers l'an 1200, l'Abbaye de N.-D. de Livry était déjà un établissement religieux considérable. Nous supposons avec assez de vraisemblance que c'est peut-être grâce aux libéralités de cette famille de Garlande que fut bâtie l'Église de St-Nicolas. En tout cas une rue de ce quartier porte encore le nom de Garlande avec une légère corruption. (Garllandre en 1291; Gallandre 1390 ; actuellement rue Galande).

En 1304 dans la convocation du ban et arrière ban pour la guerre de Flandre, est nommé Messire Charles de Gonesse. Un Pierre de Gonesse devint garde du trésor des chartes du Roi sous Charles V.

Les Allegrain conseillers du Roi et présidents au Parlement

possédaient au XIVe siècle 450 arpents de terre à Gonesse, lesquels passèrent plus tard, par alliance dans la maison de Gèvres.

Il y avait à Gonesse en 1370, une portion de terrain dit le Val-Bernard, où le grand prieur de St-Denis avait des droits près le chemin de la Table Ronde; ce qui est à remarquer ici par rapport aux anciens chevaliers de la Table Ronde, qui sont la matière d'un roman célèbre.

Un Jean de Gonesse, prieur des Blancmanteaux à Paris, était évêque de Nassau en 1391; il était profés de l'ordre des servites, et dédia en 1397 l'Eglise des Blancmanteaux. L'Abbé Chastelain dit qu'il fut vicaire général de Pierre d'Orgemont évêque de Paris (1410). C'est peut-être ce Jean de Gonesse qui soutint que 9 des assertions de Jean Petit étaient contraires à la foi.

Nicolas de Gonesse maître ès arts et en théologie reçut ordre du duc de Berri frère du Roi Charles VI de continuer la traduction de Valère Maxime, qui avait été commencée par Simon Hedin, quelque temps auparavant. Il l'a fini en 1401 et elle fut jugée digne de l'impression. (¹)

François du Plessis capitaine des gardes de Henri IV et père du cardinal de Richelieu, mourut à Gonesse le 15 Juillet 1590.

Nicolas de la Boissière, qui, après avoir exercé la chirurgie à l'armée, s'était fait reclus sur le mont Valérien, était de Gonesse. Salomon de Priezac en fait un grand éloge dans son *Mons Valerianus* imprimé en 1661. Il mourut le 10 Mai 1669 âgé de 46 ans.

Nous ne pouvons mentionner tous les rois qui passèrent à Gonesse sans sortir des limites que nous nous sommes tracées. Ils y séjournèrent presque tous depuis Philippe Auguste. Citons entr'au-

(¹) M. l'Abbé Thibault la queue ch. ? — des environs de Paris.

très St-Louis, Charles le Mauvais, roi de Navarre, Henri IV, Louis XV et Louis XVI.

Quant aux historiens de Gonesse, nous venons déjà d'en citer plusieurs. L'Abbé Lebœuf dans son grand travail historique et descriptif de la ville et du diocèse de Paris, consacre plusieurs pages à l'histoire de Gonesse.

Mr Léopold Delisle directeur de la Bibliothèque nationale a tiré des archives de l'Hospice de Pierre de Thillay, les éléments d'une restitution du passé, surtout pour ce qui concerne Philippe Auguste, Saint-Louis et Charles V.

M. Seré-Depoin, président de la société historique et archéologique de Pontoise et du Vexin, dans son travail sur " les Populations rurales de l'Ile de France ", nous fait passer sous les yeux une photographie de tout Gonesse en 1783, et nous raconte en quelques pages humoristiques l'émoi que suscita à Gonesse la chute du premier ballon « Le Globe ». Nous nous reprocherions de ne pas citer ici un ancien curé : messire Charles Lévesque curé de Saint-Nicolas (1705-1728) qui nous a conservé dans les archives paroissiales bien des souvenirs religieux du passé. Nous pouvons clore ici la liste des hommes illustres, et des historiens de notre petite ville; disons quelques mots des deux paroisses avant d'en commencer l'histoire.

Il n'y avait primitivement qu'une seule paroisse celle de St-Pierre, et très probablement, dit M. Eugène Lefèvre-Pontalis, (1) l'Eglise actuelle s'élève su.. l'emplacement d'un édifice religieux contemporain du XIIe siècle, car l'étage inférieur du clocher appartient précisément à cette époque et doit-être considéré comme le dernier débris de l'Eglise primitive. C'est la seule Eglise, du reste

(1) Monographie de l'Eglise de Gonesse.

2

que cite une bulle d'Alexandre III où sont énumérées les dépendances du prieuré de Deuil, et le règlement fait par l'Évêque de Paris [1] en 1211, ne donne pas à supposer qu'il y eut à Gonesse d'autre paroisse. L'Église St-Pierre dut être reconstruite grâce aux libéralités de Philippe Auguste; en tout cas, il est impossible de connaître la date exacte de sa construction. Cette Église appartenait à l'Abbaye de St-Florent de Saumur.

Sur la fin du XIe siècle Hervé de Montmorency, du consentement d'Agnès, sa femme, et de Bouchard, son fils, avait donné à cette Abbaye, comme une dépendance du prieuré de Deuil, tous les droits qu'il pouvait avoir en l'Église de Gonesse, sauf cependant les hôtes qui habitaient dans l'aître, c'est-à-dire dans un terrain consacré et faisant en quelque sorte partie du cimetière [2]

En 1110, Galon, évêque de Paris, confirma les concessions faites aux religieux de St-Florent par Hervé de Montmorency et par Bouchard son fils ; la charte du prélat montre que l'Église était déjà sous l'invocation de St-Pierre [3]. A cette Église appartenait un vaste territoire qui ne tarda pas à former trois paroisses: St-Pierre, St-Nicolas et Vaud'herland.

Quant à cette dernière, il est facile de démontrer que c'était à l'origine une dépendance de St-Pierre.

En 1201 Eude de Sully évêque de Paris, autorisa les religieux de St-Florent de Saumur à y bâtir une chapelle et à la faire desservir par un ou deux religieux ; mais le curé de St-Pierre devait continuer à percevoir les droits auxquels donnaient lieu, la visite des malades, les confessions, les enterrements, les mariages, les

---

[1] Archives de l'Hospice, cassette, cote C.
[2] Archives de l'H. D. cote M. 11.
[3] id.

relevailles et les baptêmes; les moines ne pouvaient recevoir aucun paroissien à la messe les jours de Noël, de Pâques, de la Pentecôte, de la Toussaint et de la St-Pierre (¹)

Ces dispositions, usitées encore de nos jours pour les chapelles privées, marquent bien la profonde sagesse de l'Église qui veut que, pour conserver cet esprit paroissial, tous les enfants du Christ réunis sous le clocher de l'Église, soient unis sous même houlette, sous même pasteur.

Après le départ des moines, Vaud'herland fut desservi jusqu'à la révolution par les vicaires de St-Pierre, puis enfin, séparé, érigé en commune vers 1822, et rattaché pour le spirituel à la paroisse de Thillay.

La paroisse St-Nicolas, comme nous venons de le voir, est donc postérieure à celle de St-Pierre, peut-être faut-il attribuer sa fondation, à l'accroissement de la population, et à l'importance que prit Gonesse à cause de la naissance de Philippe Auguste et surtout de la pieuse fondation de l'Hôtel Dieu par Pierre de Thillay. Il est bien question en 1215 de terrains devant St-Nicolas(²) mais c'est seulement en 1240 au mois de Janvier, qu'il est fait mention expresse de l'Église(³). Cette Église détruite en 1790 était donc un édifice fondé au XIIIe siècle, reconstruit presque entièrement au XVIe et dont le clocher fut rebâti en 1732.

L'Hôtel Dieu de Gonesse est la principale fondation de Pierre de Thillay, la seule peut-être dont les effets subsistent encore de nos jours. Ce serait une lacune dans notre ouvrage, si nous n'en parlions pas. Nous le ferons du reste, très aisément, puisque,

(1) Archives de l'H. D. ou S. cote 7
(2) Arch. H. D. cassette cote E.
(3) Cartulaire de S. D. de Paris I, 163.

pour ce faire, nous n'aurons qu'à reproduire l'œuvre de M. Léopold Delisle. Il n'y a guère à glaner après un tel maître!

Commençons par l'histoire de St-Nicolas puisque c'est la paroisse secondaire, et qu'elle n'est plus maintenant qu'à l'état de souvenir.

Chapitre II

SAINT-NICOLAS 1240-1500

Premiers curés. - Fondations, acquisitions, donations, rentes etc. du XIII° au XVI° siècle. - Aperçu de la paroisse au XIV° siècle. - Les boulangers. Bulle de Benoît XIII.

Nous avons vu au chapitre précédent qu'il n'est fait mention expresse de St-Nicolas pour la première fois qu'en 1240. Un ancien registre de l'évêché de Paris, cité par l'abbé Le Bœuf l'appelait: *Ecclesia parrochialis Sancti Nicolai de Gonessa alias Gallande.* Le quartier dans lequel on l'avait construite s'appelait en effet Garlande ou Gallande. C'était sans doute de ce quartier qu'un des premiers prieurs de l'Hôtel Dieu, Pierre de Garlande (1285) avait emprunté son surnom. Dans les titres de l'Hôtel Dieu, il est question, en 1294, de *mansure séant à Gonesse en Garllande* en 1390 de jardin situé *en la ville de Gonesse, au lieu dit Gallandre, aux Saux Saint-Martin.* — Et en 1454, de *la grant rue de Gallandre, en la paroisse Saint-Nicolas.*

Un curé de St-Nicolas, Messire Charles Levesque, docteur de

Sorbonne, dans un inventaire qu'il rédigea lui-même en 1721, (¹) s'exprime ainsi sur les origines de sa paroisse :

« L'Eglise de Saint-Nicolas de Gonesse en titre d'Eglise paroissiale est si ancienne que nous n'en voyons pas les commencements. Les premiers titres ne sont point venus jusqu'à nous, ils ont péri et sont perdus soit par leur ancienneté, soit par les malheurs des guerres civiles, soit par la négligence des marguilliers et paroissiens, soit par l'absence des curés qui ne faisaient point de résidence, soit par défaut de soins de la part de ceux qui ont été mis à la tête de ladite Eglise. Le plus ancien monument qui nous soit resté dans le dépôt de l'Eglise est une sentence rendue par *Romain* prévost de Gonesse à la requête de Messire *Jehan* curé de cette Eglise pour être mis en jouissance d'une rente annuelle et perpétuelle laissée à l'Eglise de St-Nicolas par une nommée *Erambourg* femme de *Jehan Pierre*. Cette sentence contradictoire fut rendue le mercredi devant la Pentecôte en 1339.

Le second curé dont il est fait mention (²), est un nommé Jehan de Neuville, curé de l'Eglise paroissiale de St-Nicolas au diocèse de Paris, lequel en 1416, le 7 du mois de Mars l'an VI du pontificat de Jean XXIII, résigna sa cure à *Messire Jehan Hennin*, prêtre du diocèse de Noyon avec réserve d'une pension de onze francs d'or, payable chaque année, à la St-Martin d'hiver. Cet acte de résignation fut fait et passé à Paris dans l'hôpital du St-Esprit en grève par devant Regnaud le Gentil prêtre du diocèse de Troyes notaire. Le quatrième curé connu dans ce XVᵉ siècle, est Jean Batail qui a régi la cure pendant 40 ans 1495-1530.

Il serait long, et peu intéressant d'énumérer ici, une infinité

(1) Archives de l'Eglise.
(2) Archives du Presbytère. Il est question aussi le 14 Juillet 1276 de Dominus Yvo presbyter St-Nicolai de Gonessa. Cart. de N.-D. de Paris.

de fondations, de ventes, de biens de toutes sortes donnés à l'Église par nos pieux ancêtres depuis le XIVᵉ jusqu'au XVIIIᵉ siècle, nous relevons cependant quelques noms qui ne pourront qu'intéresser les descendants de ces dévots aïeux.

La plus ancienne fondation connue, est celle de « Jean Dupuis « et Bélissant sa femme, qui donnent deux pintes d'huile à la « mesure de Gonesse pour servir à la lampe du chœur, et une livre « de cire pour le luminaire de la Ste-Vierge à prendre sur une « maison, cour, jardin et terre, derrière la haie Poitou (¹) » (1406)

Citons encore le testament de Jehan de Croux, diacre, chanoine d'Évreux qui fonda « une messe haute d'obit précédée des matines, « laudes et recommandations ; et suivie du Libera, De Profundis et « Salve Regina pour le repos de son âme, pour ses père et mère « et ses parents. » Il existe 4 pièces servant de titres à cette fondation: 1º Le testament du fondateur daté du 14 septembre 1413; 2º un contrat d'acquisition de 3 arpents. 1/2 (18 novembre 1418); 3º un arpent 1/2 à Morin sur le chemin de Villepinte; 4º Rente de 32 sous parisis sur une maison sise grande rue St-Pierre (22 février 1418). Ce Jehan de Croux était natif de Gonesse.

Citons encore : « un contrat de donation de 7 sous parisis de « rente par Jehan Chenu et consors sur une maison rue Gallandre « près les ormes (20 juillet 1406). »

« Jehanne la Romaine donne 5 sous parisis sur un arpent de « terre (18 décembre 1419) »

« Perette Gaultier 10 sous parisis sur un jardin, à la haie Poitou à charge de 2 messes basses (12 avril 1455). »

(1) Aujourd'hui rue d'Aulnay.

« Contrat de 3 sous 6 deniers sur moitié de maison rue Chauvart (1) (10 may 1493) »

« Donation d'une maison, cour, jardin rue des Ormeaux(2) par Jehanne veuve de Jehan Chauffe, sans charge (3 mai 1493) » etc. etc.

Il faut nous borner pour le XVe siècle, à cette liste déjà longue. Et comme nous venons de mentionner certains endroits, nous croyons utile de placer ici un petit aperçu de la paroisse, aussi exact qu'il est possible, de la reconstituer au bout de cinq siècles, avec les vagues indications dont nous disposons.

Au milieu était l'Église, qui n'avait pas l'ampleur ni la majesté de celle de St-Pierre, mais qui faisait très bonne figure au milieu des maisonnettes et de la verdure environnante. Car il y avait des arbres et des maisons dans la plaine située aujourd'hui au bout de la rue de Savigny, comme on peut s'en convaincre par un tableau de la fin du siècle dernier qui représente, mais à peu près seulement, l'Église de St-Nicolas (3). Le clocher ne dépassait pas celui de St-Pierre, mais on voit sur le tableau mentionné ci-dessus, qu'il était d'une hauteur raisonnable. Une réparation faite en 1730, le 20 d'octobre coûta la vie à un ouvrier le sieur Jacques Boucquet. L'harmonie de ses quatre cloches s'unissant à celles de St-Pierre, qui en comptait 6, devait être admirable et s'entendre au loin dans la plaine ! Les limites de la paroisse devaient très probablement s'arrêter à la rivière, qui forme une séparation toute naturelle. La grande rue Galande d'aujourd'hui se divisait alors en quatre tronçons ; en commençant par la rue d'Aulnay, on suivait alors la rue de la Haye Poitou, à laquelle faisait suite la rue Gallandre, puis la rue St-Nicolas, puis la rue de Chauvart qui allait finir du

(1) Aujourd'hui rue Galande du côté de la Teinturerie.
(2) Rue de Villepinte.
(3) Chez M. Ferry père.

côté de la Patte d'Oie. La rue qui mène à la Malmaison s'appelait rue des Ormeteaux. Le calvaire qui s'élève aujourd'hui sur cette petite place, existait déjà au XVIe siècle, puisqu'il est mentionné pour la première fois en 1555. Les donateurs qui l'érigèrent furent Antoine Gouffé et Magdeleine Boisseau sa femme ; et très probablement sur l'emplacement d'un ancien calvaire existant déjà (1) depuis longtemps et tombé en ruine. Les autres rues de la paroisse étaient la rue de Miville, aujourd'hui l'Abreuvoir ; une petite ruelle conduisait de l'Abreuvoir à la Malmaison, c'était la ruelle Pissotte. En face la rue des Ormeteaux, était la ruelle du vert Buisson. En revenant du côté de l'Eglise, nous trouvons la rue qui y mène et qui s'appelait alors rue de l'Eglise St-Nicolas, aujourd'hui rue de Savigny, et presque en face la petite ruelle Braque, qui traverse la rivière. Toutes ces rues, sentiers ou ruelles datent des XIVe et XVe siècle. Elles étaient bordées d'un très petit nombre de maisons, puisque selon l'Abbé Le Bœuf, il n'y avait en 1470 que 24 feux à St-Nicolas, c'est-à-dire à peu près une centaine d'habitants, pour la plupart marchands fariniers ou boulangers, établis sur les bords du Crould dont l'eau servait à faire le bon pain de Gonesse apprécié pendant si longtemps des Parisiens. Dès 1164, Gonesse tenait un marché considérable de blé et les paroissiens de St-Nicolas y tenaient la plus grande place ; nous reparlerons plus loin, du reste, des boulangers, et des drapiers de Gonesse qui étaient également établis sur la paroisse de St-Pierre.

Ce petit nombre de paroissiens était donc déjà célèbre, et ils jouissaient, grâce peut-être à la famille de Garlande, d'une certaine notoriété, aussi le pape Benoit XIII leur octroya des faveurs

(1) En 1531 il est encore vaguement question de la Croix des Ormes.

spirituelles, accordant des indulgences à tous ceux qui visiteront l'Eglise de Saint-Nicolas « aux grandes festes de Nostre-« Seigneur, de la Saincte-Vierge, de tous les Saincts, « de St-Jean-Baptiste, des Saincts-Apostres Pierre et Paul et qui « aumosneront pour les réparations qui sont à faire à la dicte « Eglise. »

Cette bulle fut donné à Avignon au mois de septembre 1412 l'an XII de son pontificat.

Nous allons entrer plus avant dans la vie paroissiale de St-Nicolas depuis le XVIe siècle jusqu'à la suppression de la cure (1791); c'est l'objet du chapitre suivant.

Chapitre III
St-NICOLAS 1500-1791

Description de l'Eglise. — Dédicace. — Curés et Marguilliers depuis le XVIe siècle. — Us et coutumes. — Confréries. — Ecoles. — Suppression de la paroisse et Réunion à St-Pierre.

———

Nous avons donné un petit aperçu de la paroisse au chapitre précédent, nous devons pour être complet, décrire un peu l'Eglise. L'abbé Leboeuf, qui vint très probablement la visiter, puisqu'il dit expressément qu'il est venu voir celle de Bonneuil qui n'en est pas très-éloignée, s'exprime ainsi : « L'Eglise de St-Nicolas, sans paraître de loin avec l'éclat de St-Pierre est un édifice très propre ; les collatéraux méridionaux sont du XIIIe siècle tirant sur le XIVe. Ils ont été allongés en 1609 vers l'orient, de deux arcades et de la sacristie. Tout le reste de cette Eglise, tant le chœur que la nef n'a guère plus de 200 ans.»

Nous voyons en effet dans les registres paroissiaux que l'Eglise subit plusieurs fois des réparations importantes; la bulle de Benoit XIII précédemment citée le prouve également.

Le pouillé imprimé en 1626 ne parle que de cette Eglise au

sujet de Gonesse, et il en donne la présentation au prieur de Deuil. Le Pelletier, dans le sien imprimé en 1692 ne parle que de la cure de St-Pierre et oublie celle-ci. Le pouillé de 1648 plus exact que ces deux-là, nomme les deux cures et observe que la présentation de l'une et de l'autre appartient au prieur de Deuil.

Les deux cures de St-Pierre et de St-Nicolas ont été possédées aussi, autrefois, par Jean de Corbie conseiller au Parlement, en vertu de la nomination de Guillaume de Cambrai, prieur de Deuil en 1486, sous prétexte qu'il y avait une union faite par le Pape.

Quoi qu'il en soit voici l'état de l'Eglise en 1786.

Il y avait deux portes d'entrée; une, sur la rue vis à vis l'Eglise; l'autre, sur le cimetière. L'édifice était distribué en un sanctuaire et un chœur sans séparation. Au fond de ce sanctuaire, se dressait un autel, en pierre, revêtu de boiserie. De chaque côté du sanctuaire, deux chapelles latérales, celle de droite consacrée à St-Victor; celle de gauche, à la Ste-Vierge, et une grande nef. Une sacristie séparée et adossée à la nef du côté du chœur à droite. Le pourtour du chœur était fermé par des grilles en fer. Les deux chapelles avaient chacune leur bas côté garni de bancs ainsi que la grande nef qui en comptait seule, 40, avec leurs « genouillées » (prie-Dieu). Les murs étaient lambrissés à la hauteur des croisées. Les autels des deux chapelles étaient de bois marbré et doré ainsi que leurs crédences. A droite de la grande nef se trouvait la chaire sur laquelle on lisait le souvenir de la dédicace, et sur tous les piliers une foule d'épitaphes de laboureurs et de boulangers. Au-dessous de la chaire, le banc d'œuvre du St-Sacrement; en face, le banc d'œuvre des marguilliers; au-dessus de leur tête un grand Christ peint en blanc, attaché sur une croix de chêne. Dans le chœur, un lutrin en fer forgé surmonté d'un cœur doré, au-dessus du pupitre en bois de chêne; à droite et à gauche, 32 stalles, au milieu 8 bancs à dossiers; 5 escabeaux de chantres, et deux petits, pour les enfants de chœur.

L'ornementation se composait comme de nos jours, de chandeliers et crucifix de cuivre, avec bouquets de fleurs artificielles, et entre les fenêtres une dizaine de tableaux représentant des sujets différents, tels que : les pèlerins d'Emmaüs, le baptême de N.-S. St-Nicolas, St-Claude, la Ste-Vierge etc.

L'Eglise était riche en ornements comme nous le voyons par l'inventaire de 1721, et n'avait rien à envier à St-Pierre. Elle possédait 2 ciboires, 2 calices, un ostensoir de vermeil doré, orné de pierreries; du linge en quantité, et de riches ornements, blancs et rouges enrichis de franges d'or et argent fin, parsemés de fleurs de lis d'or fin. Nous passons sous silence le reste de cet inventaire qui nous prendrait trop de place. Le clocher comme nous avons dit, possédait 4 cloches dont trois furent bénites le 15 juillet 1546, et la quatrième en 1682.

La dédicace de l'Eglise se fit le 9 mai 1532, l'épitaphe de pierre fixée au pilier de la chaire en faisait mention en lettres gothiques ainsi qu'il suit :

« L'an de grâce 1532, le dimanche prochain après la feste de la Translation de Monsieur Saint-Nicolas patron de céans, à la diligence de Pierre Aubert et Guillaume Grimpel lors marguilliers, fut cette Eglise bénite, sacrée et dédiée par R. P. en Dieu F. Guillaume Leduc Abbé de Ste-Geneviève de Paris, et par la permission divine evesque de Bellinen, commis et establit par R. P. en Dieu messire François de Poncher evesque de Paris, et fut la fête d'icelle dédicace ordonnée par mon dit Sr de Bellinen estre celebré par chacun an le premier dimanche après la feste de St-Nicolas au mois de may.

et si la dédicace echeoit le jour de la Pentecoste, la translater au mardy en suivant, et si elle echeoit au jour de la Trinité sera célébrée le dimanche d'après. Et avec ce, a donné 40 jours de pardon à tous ceux qui visiteront la dite Eglise ledit jour. Et lors était curé Thomas Pinel prêtre chanoine du St-Sepulchre de Paris. Et fut reillé par Mr Rogier Blondeau lors vicaire de ladite cure et aussi par les paroissiens d'icelle Eglise, comme appert par lettres baillées par le secrétaire de mon dit St évesque de Paris aux dits marguilliers, et accorde au curé de dire matines, avec pseaumes et leçons ledit jour. »

C'est à partir de cette époque que les documents abondent sur Saint-Nicolas, testaments, livres de comptes, confréries de toutes sortes, disons d'abord un mot sur chaque curé qui a régi la cure depuis messire Thomas Pinel, mentionné sur cette dédicace.

Louis Pindré lui succéda soit immédiatement, soit autrement puisque Estienne Becquet vicaire de cette Eglise déclare dans un ancien registre des baptêmes qu'il est entré en ladite Eglise le 1er février 1573 en qualité de vicaire, dessous Me Louis Pindré curé d'icelle Eglise.

Pierre Girault prit la place de Louis Pindré, et la remplit depuis le 8 septembre 1574 jusqu'au même mois 1608. C'est de son temps que l'Eglise de Tillay fut dédiée (28 mai 1583) par l'Evèque de Digne, coadjuteur de l'Evèque de Paris, et c'est le curé de St-Nicolas qui fit la bénédiction d'une troisième cloche qui fut nommée Marguerite.

Denis Vallet prit possession de la cure le 8 octobre 1608. Un an après, Mathurin Gossé lui succédait le 28 septembre 1609 ; il mourut le 13 mars 1631.

Puis, Bertrand Huet, de mars 1631 au 16 may 1653. Jean

Diretain qui avait été son vicaire prit possession de la cure après sa mort, en qualité de curé, mais il n'en fut chargé que quelques mois.

Claude Jame, bachelier en théologie et second vicaire de messire B. Huet, lui succéda en 1654. On lui a de grandes obligations, est-il dit dans le registre de paroisse, pour le bel ordre qu'il a établi dans les affaires de l'Église pour la reconstruction du chœur, le renouvellement des ornements de toutes les couleurs liturgiques, pour l'augmentation d'un grand nombre de fondations, d'établissement de confréries et une infinité d'œuvres pieuses et charitables qui ont illustré sa vie et ont rendu sa mémoire respectable à la postérité. Il finit sa course toute édifiante le 16 septembre 1682.

Barthélemy Tilly lui succéda au mois d'octobre, il était bachelier en théologie et occupa le siége curial jusqu'au mois d'avril 1705, que son grand âge et ses infirmités obligèrent à résigner sa cure.

Le cardinal de Noailles archevêque de Paris, nomma pour lui succéder Charles Levesque docteur en théologie, nous lui avons, nous, de grandes obligations pour le bon ordre qu'il a mis dans les archives de la paroisse. Il nous a beaucoup aidé pour écrire cette histoire de St-Nicolas et nous le citons la plupart du temps presque textuellement.

Pierre Bonnevie, docteur en théologie de la maison et société de Sorbonne et probablement natif de Gonesse lui succéda le 14 Novembre 1728 ; il fut ensuite nommé curé de Saint Denys en France le 26 Janvier 1733. Il vivait encore en 1766, et il publia un office propre de l'Église paroissiale de St-Marcel à Saint Denys en France, dont il existe un exemplaire dans la famille Frichot.

Il fut remplacé par Louis Garet, licencié en Sorbonne, le 31 Décembre 1733. Enfin le dernier curé fut Michel Nicolas Barbier, depuis le 23 Juillet 1775 jusqu'à la suppression de la cure et de la paroisse (1791.)

Mentionnons ici, à la suite de ces dignes pasteurs quelques-uns de leurs pieux paroissiens qui furent choisis pour l'administration temporelle de l'Église. Parmi tous les noms que nous avons trouvés, nous signalerons les suivants:

Marguilliers de St-Nicolas

Les Félix	en 1595, 1614, 1647, 1682, 1711, 1738, 1745,
Laperlier	1595, 1610, 1662, 1674, 1697, 1722
Gouffé	1611, 1655, 1670, 1689, 1737, 1775
Barbier	1618, 1632, 1642, 1677, 1693, 1716
Dubois	1601, 1608, 1616, 1722, 1740
Paris	1609, 1639, 1653, 1729, 1739
Chatelain	1659, 1694, 1708, 1766
Destor	1698, 1715, 1722, 1746
Leduc	1613, 1668
Boisseau	1724, 1772
Bonnevie	1732, 1736
Mouchy	1757, 1783

P. Passet 1724, P. Pilot 1726, Mennessier 1630. Dardel 1744, Louis Meignan 1769 etc., etc.

Les marguilliers rendaient leur compte chaque année un dimanche à l'issue des Vêpres, devant le clergé et les paroissiens réunis. L'assemblée était annoncée au prône et la cloche réunissait les fidèles devant le banc-d'œuvre. Comme l'observance du repos dominical était alors générale dans toute la France chrétienne, et que les bons paroissiens de St-Nicolas avaient une piété des plus vives et des plus édifiantes, personne ne se désintéressait des affaires de l'Eglise, chacun voulait savoir l'emploi de ses générosités, on considérait l'assistance à cette reddi n de comptes comme une obligation et un devoir. Il est à remarquer que, depuis l'an 1561 jusqu'en 1791, c'est-à-dire pendant plus de deux siècles, un seul marguillier ne put justifier ses dépenses, il avait du reste une mauvaise réputation et fut chassé du pays. A part cette seule exception, nulle trace de malversations ou de négligences de la part des trésoriers en exercice. Honneur à ces bons chrétiens, nos dignes ancêtres !

Après la reddition des comptes, on délibérait sur les besoins de l'Eglise, sur les acquisitions à faire, sur la conduite des maîtres et maîtresses d'école, leur nomination, etc. et les paroissiens assistaient en grand nombre, après les offices, à toutes ces délibérations sur les affaires paroissiales.

Cet esprit chrétien qui animait tout le pays, on le retrouve encore exprimé avec une foi profonde dans les volontés dernières. Tous les testaments qui sont conservés dans les archives de l'Eglise, et ils sont en grand nombre, sont presque tous rédigés dans les mêmes termes, nous en avons 4 gros volumes dans lesquels nous retrouvons des noms connus : Massigne femme de Jean Gouffé 1502 ; Jacques Félix et Jean Gouffé 1519 ; Jean Pérault 1539 ; Jean Laperlier 1555 ; Jacques Aubry 1546, etc. etc.

Nous en prenons un, au hasard, qui pourrait servir de modèle aux chrétiens de nos jours. Il est de 1667.

In nomine Domini. Amen

Par devant moy, François Fizol, ptr. curé de la cure et Eglise

3

paroissiale de Sainct-Denys d'Ermenonville (¹) diocèse de Paris, fut présent discrète personne Philippe Cosnol estant malade de corps, sain toutefois de bon propos, mémoire et entendement comme il m'est apparu et aux tesmoings cy-dessous nommés, cognoissant et recognoissant ny avoir rien en ce monde plus certain que la mort et rien moins certain que l'heure d'icelle, ne voulant déceder sans préalablement disposer du salut et rémède de son âme et des biens qu'il a plu à Dieu luy prester, a nommé, ordonné et faict son testament et ordonnance des dernières volontés en la forme et manière qui suit : Et premièrement comme un bon chrestien a recommandé et recommande son âme dès à présent et quand elle partira de son corps à Dieu le Père tout puissant, à J.-C. nostre Sauveur et médiateur, au Sainct-Esprit, benoite Trinité et Unité de Dieu, à la glorieuse Vierge Marie, à Monsieur Sainct-Nicolas et Sainct-Philippe ses patrons et à tous les Saincts et Sainctes du paradis, lesquels il prie de vouloir estre intercesseurs auprès de Dieu pour la rémission de ses péchés et salut de son âme . . . . Veut et ordonne que son corps soit transporté et mis en sépulture dans le cimetière de l'Eglise Sainct-Nicolas de Gonnesse proche la sépulture de ses parents et que son enterrement et service soient faicts solennellement selon sa qualité et ainsy qu'il plaira à l'exécuteur du présent testament auquel il s'en submet . . . .

Suivent ensuite plusieurs dispositions en faveur de l'Eglise et des siens. Comme nous le voyons par les lignes ci-dessus, le prêtre était presque toujours le confident et quelquefois l'exécuteur des volontés suprêmes; dans ces siècles de foi on recourait d'abord aux sacrements, remèdes de l'âme; puis on ne disposait de ses biens que comme un prêt fait par Dieu, de là toutes ces donations

(1) Aujourd'hui Arngeville.

faites aux Eglises; n'était-il pas raisonnable et juste de rendre à Dieu une partie ou moins, de ce que sa providence avait avancé si généreusement ? Et les volontés du mourant étaient toujours suivies et respectées, sans que jamais l'Etat intervint avec toutes ses formalités et annulations même, qui abondent aujourd'hui.

Ces réflexions nous amènent à parler des usages de la paroisse, et le lecteur pourra faire lui-même le parallèle du passé avec le présent. Parlons d'abord de la dîme, cet épouvantail actuel de ceux qui n'ont certainement pas étudié l'état de la question. La dîme était l'obligation de payer le dixième sur les récoltes, une gerbe sur dix, etc., comme impôt. Le clergé avait à sa charge tout ce qui concerne l'assistance publique : Les œuvres de charité, les hôpitaux, les pauvres, les écoles. Il dut payer lui aussi des contributions considérables à certaines époques, il lui fallait donc des ressources. La dîme lui en fournissait une partie, mais il était loin de la percevoir avec rigueur, et l'Eglise n'a jamais fait de cet impôt une charge intolérable pour le paysan; bien souvent ce n'était qu'un don volontaire; en tout cas, le cultivateur donnait autrefois de sa récolte telle qu'elle était; aujourd'hui, il paie en argent, qu'elle soit bonne ou mauvaise.

Le curé de St-Nicolas jouissait donc des dîmes qui se percevaient dans sa paroisse, et qui consistaient : « en toutes sortes de « pois, fèves, vesces, orges et gourgeau, dragées, lins, chanvres, « filasses et tous autres menus grains et fruits à l'exception des « bleds, froments, méteil, seigle et avoine. Le prieur de Deuil avait « les 2/3 de la dixme et les Jacobins administrateurs de l'Hôtel « Dieu l'autre tiers dans l'autre moitié d'icelles dixmes. » Nous laissons de côté ce qui concerne les droits de la fabrique pour les baptêmes, mariages, enterrements, fondations, etc., les règlements à ce sujet étaient analogues à ceux d'aujourd'hui. Nous dirons un mot des confréries. La plus ancienne est celle du T.-S. Sacrement. Nous ignorons la date de sa fondation, mais en 1634, messire Bertrand Huet demanda à Mgr Jean François de Gondi archevêque de Paris, de la reconstituer sur de nouvelles bases, ce qui lui fut accordé.

Le pape Clément IX accorda des indulgences et priviléges spirituels dans une bulle datée de janvier 1667, conservée dans nos archives, mais qu'il serait trop long de rapporter.

Parmi les obligations des confrères, citons : la communion fréquente, de fait en usage, puisque tout le monde alors faisait ses Pâques et même mieux; les confrères devaient encore accompagner le St-Sacrement quand on le portait à domicile au son d'une cloche; tous les jeudis de l'année ils assistaient à l'office complet du T.-S. Sacrement, faisaient dire des messes pour leurs membres défunts, et avaient une place spéciale quand ils assistaient aux obsèques.

Une autre confrérie, celle de Ste-Anne fut érigée en 1650 pour seconder la piété des femmes et des filles de la paroisse. Cette dévotion envers Sainte-Anne avait succédé à une ancienne dévotion envers la Ste-Vierge. Les obligations des membres de cette confrérie étaient identiques à la précédente.

Parmi les présidentes de cette confrérie, nous avons trouvé les noms de Claude Laperlier, 1666; Jeanne Barbier, 1672; Michelle Pelé fe de Jean Bonnevie, 1685; Anne Robert fe de Nicolas Dutocq, 1686; Catherine Thierry, 1690; Marie Chrétien fe de Pierre Laperlier, 1707; Marie Paris fe de Jean Delahaye, 1723; Jeanne Destors, 1727, etc., etc. A chaque décès, la confrérie faisait célébrer un service pour la défunte, c'est ainsi qu'en 1719, nous relevons un office pour Marie Commelin.

Quant à la confrérie du T. S. St. il nous faudrait trop de place pour en énumérer les membres, à part quelques noms qu'on a déjà vus, et dont les familles subsistent encore aujourd'hui, les autres sont inconnus et oubliés depuis longtemps.

La confrérie de St-Honoré ne fut établie qu'en 1702, par les exhortations de messire Barthelemy Tilly, curé, et de Noël Poitevin, vicaire, qui depuis fut curé de Bouqueval.

Les boulangers de St-Nicolas, à l'imitation de ceux de Paris, se mirent sous la protection de Saint-Honoré évêque d'Amiens, que les boulangers se proposent pour patron, parce que ce grand saint s'est distingué dans sa vie par les soins immenses qu'il a pris à nourrir les pauvres. Vingt-quatre maîtres boulangers s'associèrent pour former cette confrérie qui était plutôt une corporation. On fêtait la St-Honoré par l'assistance aux offices de la journée, et le règlement était analogue aux deux confréries préexistantes.

La confrérie de St-Eloi, plus ancienne que celle de St-Honoré puisqu'elle remontait environ à 1505, avait à peu près le même but et les mêmes règlements que la précédente, mais elle avait eu, disent les registres de comptes, ses affaiblissements et ses accroissements; lorsque messire Claude Jame fut curé, il fit tous ses efforts pour ranimer la ferveur de cette ancienne dévotion, et il y réussit (1605). De nouveaux boulangers s'associèrent et ce fut une louable émulation de piété et de charité entre les deux confréries. Nous ne pouvons résister au désir de mentionner quelques noms de ces pieux fondateurs : Charles Gouffé, Denis Barbier, Jean Donnevie, Jacques Moreau, Pierre Chatelain, André Félix, Jean Dutocq, Jean Lambert, Jean Normand, Sulpice Dubois, Jean Delahaye, Sulpice Deblois, Sebastien Mouchy etc., etc., presque tous boulangers. Ce qui ne doit pas étonner, puisqu'il est question, dans une supplique adressée à l'archevêque de Paris, de célébrer la fête patronale de St-Nicolas, le 2e dimanche de l'avent, parce que « un grand nombre de paroissiens sont obligés à raison de leur commerce de boulange et de farine, » d'aller à Paris plusieurs fois la semaine. Louis XIV rendit même un arrêt concernant les six vingts boulangers de Gonesse. Très haute et très puissante princesse Madame Louise de Palatine, abbesse de Notre-Dame de Maubuisson-lès-Pontoise, légua pour orner leur Eglise et par sympathie pour eux un terrain au devant de l'Eglise ([1]), à seule charge de chanter un Salve Regina à l'issue de la grand'messe.

Cette charge fut observée très longtemps, et même jusqu'en ces dernières années (1850). L'archevêque accorda à ces bons paroissiens toutes les facilités qu'ils demandaient pour célébrer leurs saints patrons, et non contents de vivre ainsi dans les exercices de la piété la plus édifiante, ils allaient, sans craindre l'épithète de cléricaux, non encore inventée, manifester au dehors leur foi et leur piété. En 1629, ils firent faire des prières extraordinaires pour être délivrés d'une maladie contagieuse, et entre autres bonnes œuvres, ils firent chanter un salut tous les jours, pendant huit mois, en l'honneur de Dieu, de Saint-Roch, de Saint-Sébastien et de Sainte-Julienne. Ils firent plusieurs processions et voyages de piété (pèlerinages). Tous les dimanches avant la messe on allait en procession à la croix des ormes en chantant de ces vieilles proses liturgiques malheureusement perdues aujourd'hui ou qu'on ne retrouve plus que dans de vieux antiphonaires. Tous les ans, on faisait le pèlerinage de Sainte-Oportune à Moussi-le-Neuf (canton de Dammartin S.-et-M.). On alla aussi à Ste-Julienne, (probablement au Val St-Germain canton de Dourdan) ; dans cette dernière Eglise, les

(1) Peut-être la ferme et les dépendances de la Malmaison.

boulangers de St-Nicolas firent célébrer, dans cette même année 1629, un office solennel pour les victimes de la contagion, et donnèrent comme offrande une chasuble blanche dont l'étoffe seule coûta 40 livres 8 sols, et de larges aumônes.

En 1670 nous trouvons une supplique des habitants de St-Nicolas, adressée à l'archevêque de Paris. Il s'agit d'une contestation au sujet des prédicateurs. Nous l'exposons toute entière car elle donne exactement la note de la piété qui animait ces bons paroissiens.

« Les habitants de la paroisse de St-Nicolas de Gonesse, supplient « très humblement Mr l'archevesque, qu'il luy plaise de permettre « au prédicateur envoyé de sa part audit lieu pour y annoncer la « parolle divine, de leur donner la prédication les jours des festes « solennelles qui se trouvent pendant le cours de sa station l'advent « et le caresme, à quoy s'opposent les habitants de la paroisse de « Sainct-Pierre dudit lieu, disant que ce n'est point la coustume « et le menaçant autrement de luy retrancher la rétribution ordi- « naire que leur Eglise luy donne pour sa subsistance. »

« Le désir des habitants de St-Nicolas est d'autant plus raison- « nable, et leur demande juste, que la qualité de chrestiens et de « bons paroissiens dont ils font profession, les leur inspire. Ils sont « instruicts que l'Eglise qui leur ordonne la sanctification plus « religieuse des grandes festes, leur propose d'ouyr la parolle de « Dieu comme un des meilleurs moyens d'y satisfaire et que son « intention est qu'ils reçoivent cette nourriture spirituelle dans « leurs paroisses où ils ont reçu l'estre; cependant ils ne peuvent « s'acquitter de ces debvoirs si légitimes si on ne presche lesdits « jours dans leur paroisse, d'autant que l'Eglise de Sainct-Pierre « dudit lieu, quoy que grande, est néanmoins trop petite les jours « de bonnes festes pour les paroissiens, de leur propre adveu, et « que celle de Sainct-Nicolas augmentée du tiers depuis quelques « années ne l'est pas assez pour les siens qui sont environ neuf cent « communiants, qui s'estimeraient et seraient en effect bien « malheureux s'il leur estait ainsy deffendu d'ouyr la parolle de « Dieu le jour de Pasques, Noël, Toussaint et autres de la station, « ce bien d'ailleurs n'estant pas refusé aux moindres paroisses « du diocèse de Paris et des autres.

« Le prédicateur qui y a le plus d'intérest ne se plaint point que
« cette charge soit onéreuse parce qu'il presche quatre fois chasque
« dimanche et qu'il n'excédera pas ce nombre les jours des dictes
« festes; bien loing de s'en plaindre, il le désire ardemment sçachant
« que si les habitants de la dite paroisse sont louables par leur
« piété, ils le sont encore plus par leur charité envers luy, laquelle
« ils font si libéralement qu'encores que la fabricque ne luy donne
« rien, il peut compter quatre francs de rétribution par chasque
« prédication qu'il leur faict y comprenant mesme celles desdictes
« festes solennelles qui sont au nombre de six »

« Les habitants de la paroisse de Sainct-Pierre font violence
« injuste au prédicateur lors qu'ils l'empeschent dans l'exercice de
« son ministère et qu'ils veulent lier à leur Eglise la parolle de
« Dieu qui est libre de sa nature et donne mesme la liberté, ils
« manquent en ce point de charité spirituelle qui leur debvrait
« faire aymer et contribuer au bien spirituel de leur prochain
« comme au leur propre, et d'autant plus que la parolle de Dieu
« estant un bien se doibt communiquer, et comme il vient de son
« principe qui est Dieu, il n'est pas moindre à un chascun pour
« estre communiqué à plusieurs. Il ne peuvent pas se plaindre que
« la prédication à St-Nicolas, les dictes festes, leur soit incommode,
« puis que on leur presche aux jours et heures ordinaires, ainsy
« qu'ils le désirent, et que les paroissiens de St-Nicolas se contentent
« qu'on leur donne la prédication les dits jours après vespres,
« et que le prédicateur a satisfaict aux autres Eglises de sa station,
« ne demandant pour ainsy dire que les miettes qui tombent du
« pain, dont les autres sont desjà rassasiés, ou les fragments qui
« restent de peur qu'ils ne soient perdus. »

« Ils ne peuvent pas aussy dire que cela augmente les charges
« de leur Eglise, puis que bien loing de donner plus de rétribution
« au prédicateur, ils luy ont retranché depuis deux ans cinquante
« francs de l'ordinaire, ils ont grand tort d'alléguer la coustume,
« parce qu'il est toujours temps d'en establir une bonne, comme
« celle qu'on demande qui est très saincte, utile à tous et nuisible
« à personne ; et que sans contredict, il est toujours meilleur de
« prescher à des fidelles les jours de bonnes festes que de ne point
« prescher du tout. Ils veulent que cette coustume prétendue de
« ne point prescher dans l'Eglise de St-Nicolas quoy que mauvaise
« soit une loy, et que celle de donner à un prédicateur suffisam-
« ment pour sa nourriture, quoy que bonne et raisonnable, n'en
« soit pas une. »

« Il fault de plus observer que le prédicateur de la station,
« presche ordinairement tous les dimanches et jeudis dans l'Eglise
« de St-Nicolas et qu'il y a quelque chose contre le sens commun et
« la raison, de dire que l'on doibt prescher le dimanche dans ladicte
« Eglise, et que cette année par exemple, le prédicateur ne leur
« preschera pas un dimanche, parce que ce sera la feste de Noël.
« . . . . Ces raisons invincibles avec lesquelles les
« habitants de la paroisse St-Nicolas demandent comme des enfants,
« du pain à leur Père commun, leur faict espérer de sa bouche
« paternelle, qu'il permettra au prédicateur ordinaire de leur en
« distribuer ces jours solennels, la paroisse étant assez considérable
« pour le nombre et la qualité de ses habitants, entre lesquels on
« compte cent marchands boulangers qui. . . . . »

Le document finit là, inachevé, et nous le regrettons car il
semble promettre quelques détails intéressants. Quoi qu'il en soit
l'archevêque répondit dans sa lettre du 15 mars 1673 qu'on aurait
désormais une prédication dans chaque paroisse aux grandes solen-
nités. Ces sentiments de foi et de piété que manifestent si vivement
ces contestations, nous les retrouvons encore dans les œuvres qui
furent fondées à la suite du terrible hiver de 1709.

L'année précédente une mission avait été prêchée dans les deux
paroisses par des P. P. lazaristes envoyés de Paris par le cardinal
de Noailles. L'association des *Dames de la charité* fut un des principaux fruits de cette mission. Le 3 mars 1709, après les
Vêpres, une assemblée, annoncée au Prône, en la manière
accoutumée, se réunit devant le banc-d'œuvre et on convint
de certains règlements. Marguerite Laperlier, femme de Noël
Frénot, boulanger, fut choisie pour supérieure ; et Jeanne
Lambert, femme de Charles Carré, également maître boulanger,
pour trésorière. Le but de cette association était de soulager
les pauvres de toute manière ; blanchissage, raccomodage,
entretien et prêt de linge; nourriture, portée même à domicile, etc.. Mais ces secours étaient refusés aux paresseux, à

ceux qui menaient mauvaise vie ou qui n'accomplissaient pas leurs devoirs de chrétiens. Les pauvres de Saint-Nicolas avaient encore droit à ce qu'on appelait " *la Donnée* " fondation charitable qui remonte à 1412 et dont nous parlerons plus loin dans le chapitre suivant. Comme nous le voyons par l'établissement et le but de toutes ces pieuses institutions, les pauvres n'ont jamais été oubliés, et le précepte de la charité a toujours été rempli par les pasteurs et les bons paroissiens de Saint-Nicolas. Nous n'avons pas trouvé la liste des indigents de ce quartier, comme nous l'avons pour Saint-Pierre au XVIIe siècle; ce qui nous fait supposer qu'à cette époque, les pauvres étaient peu nombreux et dignes d'intérêt, et qu'on ne trouvait pas alors de ces mendiants de profession dont l'inconduite et le manque d'économie causent, neuf fois sur dix, la misère dont ils se plaignent.

Parmi les œuvres de charité, l'Eglise a toujours recommandé l'instruction des ignorants, c'est donc injustement que l'on reproche aux siècles passés et à l'Eglise en particulier, de laisser volontairement le peuple dans l'ignorance; la paroisse St-Nicolas possédait une école de garçons et une école de filles, fondées par de pieuses personnes favorisées des dons de la fortune. Citons entre autres : Antoine Gouffé et Madeleine Boisseau, qui s'étaient réservés pendant leur vie la nomination des maîtres, mais après leur mort ce droit appartint au curé qui ne pouvait renvoyer, toutefois, ces maîtres ou maîtresses, qu'avec l'autorisation de l'archidiacre de Paris. On peut voir encore dans une maison de la rue de St-Nicolas une pierre qui est la propriété de M. Meunier et qui contient l'inscription suivante :

A la plus grande gloire de Dieu
« *Il a esté fondé à perpétuité en cette paroisse de St-Nicolas de*

Conesse une école de charité pour apprendre à lire, écrire et compter, et même à travailler en couture ou linge s'il on peut, à 60 pauvres filles de ladite paroisse et au cas qu'on n'y trouves pas ce nombre, on en recevu de l'austre paroisse. Les grandes filles qui ne pourront se trouver aux heures de l'école seront instruites à d'autres heures.

La maitresse ne recevra aucun enfant qui pourra payer parce qu'elle doit donner tout son temps aux pauvres, suivant l'intention des fondatrices qui lui ont légué à cet effet deux cents livres de rente à prendre sur l'hôtel de ville de Paris, aux charges et conditions portées au contrat passé par devant Delafosse et son confrère notaires au chastelet de Paris, le 27 mars 1716. Lesquelles fondatrices sont décédées le . . . . . âgées de . . . . . Priez Dieu pour celles qui ont fait cette fondation. »

Cette pierre devait être placée probablement dans l'Eglise qui contenait, comme nous l'avons vu, tant d'épitaphes de laboureurs et de boulangers.

L'abbé Lebœuf dit qu'il y avait dans le chœur une tombe du XIVe siècle sur laquelle était figurée une personne en habits longs et un capuchon pointu enfoncé dans la tête. Mais l'inscription en lettres capitales gothiques ne pouvait se lire. Il est regrettable que nous n'ayons aucune pierre, aucune épitaphe de ce genre, sauf celle que nous venons de rapporter, et qui montre bien toute l'importance que nos pères attachaient à l'instruction et surtout à l'éducation de la jeunesse. L'archidiacre de Paris venait tous les ans faire un examen général de la paroisse et des écoles quand ce n'était pas l'archevêque lui-même, dont la présence est signalée plusieurs fois dans les registres. Nous ne mentionnerons pas les noms des maîtres d'école, attendu que la plupart étaient étrangers au pays et n'y faisaient guère qu'un stage assez court. Nous ne parlerons pas non plus des chapelains, qui de tout temps ont existé dans la paroisse, pour l'acquit des messes et fondations ; l'un, nommé Rouland devint curé de Plessis-Gassot en 1713. Citons pour finir, les noms de quelques paroissiens dont les descendants peuvent exister aujourd'hui : Gabriel Destor marguillier en 1719 qui fit présent à l'Eglise d'un tableau représentant le souper de N.-S. avec les pèlerins d'Emmaüs. Antoine Dubois, pâtissier (1722) — Jean Lebrun charcutier (1724) — Michel Ferry (1709) — Nicole Normand — Marguerite Lecoq (1720) — Petit, Md de cire (1722) — Jollain, marchand d'images et Laurent Poisson, serrurier, Simoneau, etc., etc.

Nous pouvons clore ici l'histoire de St-Nicolas ; quant aux événements de l'histoire qui ont quelque rapport avec notre ville, nous en parlerons à l'occasion dans les chapitres suivants. Contentons-nous de rapporter les documents suivants qui racontent suffisamment les dernières années de la paroisse. Le décret du 24 septembre 1791 est ainsi conçu :

« Louis par la grâce de Dieu et par la loi constitutionnelle de l'Etat, roi des Français, à tous présents et a venir. Salut.

L'assemblée nationale a décrété et nous voulons et ordonnons ce qui suit :

Vu l'avis de Jean-Jacques Alavoine évêque de Versailles.

Il n'y aura pour la Ville de Gonesse qu'une seule paroisse qui sera desservie dans l'Eglise St-Pierre et à laquelle est réunie celle de St-Nicolas, dont l'Eglise est conservée comme oratoire. Le curé de St-Pierre enverra les dimanches et fêtes, un vicaire à cet

oratoire pour y célébrer les messes et y faire les instructions spirituelles sans pouvoir y exercer les fonctions curiales.

Signé : LOUIS.

Il est probable que la demande de suppression fut faite ou
appuyée, du moins, par la municipalité, car voici la lettre de
protestation des habitants de St-Nicolas :

« A Messieurs les maire et officiers municipaux de la
ville de Gonesse :

MESSIEURS,

Les habitants de la paroisse de St-Nicolas de Gonesse, abattus,
consternés à la vue des premiers décrets concernant la réunion
des paroisses, qui leur donnaient lieu de craindre d'être réunis
à celle de St-Pierre, ne se relèvent que par l'espérance que leur
laissent entrevoir les décrets subséquents. Leur confiance renaît
d'autant plus aisément, qu'ils savent que c'est vous qu'ils auront
pour juges, et qu'ils se persuadent que vous ne prononcerez sur
cette affaire qu'après l'avoir mûrement pesée dans la balance de
votre plus grande sagesse. Vous aurez d'après ces décrets, à statuer
dans les actes préparatoires, sur les motifs d'utilité et de convenance;
mais loin d'en trouver aucun, les raisons les plus fortes vous feront
pencher en faveur de leur conservation. Il n'est rien qui nécessite
la réunion: leur Église est dans un état de solidité et de décence
convenable, leur sacristie est munie de tous les objets nécessaires au
culte, leur fabrique sans être riche a des revenus suffisants, le
presbytère d'après les réparations et reconstructions que M. le curé
y a fait de ses propres deniers, n'en exigera pas de longtemps, le
vicariat est bâti à neuf; et, d'un autre côté, tout semble devoir

favoriser leur conservation; mais surtout l'attachement singulier qu'ils ont toujours eu pour leur Eglise, attachement dont ils ont donné des preuves soutenues, soit par l'accord parfait qui a régné entre eux depuis longtemps dans l'administration des affaires de leur fabrique, soit par des sacrifices pécuniaires qu'ils ont fait volontiers, lorsque quelque objet de décoration paraissait l'exiger: qu'il leur serait dur de se voir arrachés d'une Eglise qu'ils se sont plu à embellir pour leur propre satisfaction et plus encore dans un esprit de religion! Plus ils ont sacrifié de zèle et d'argent, plus leurs regrets seraient sensibles et vifs. La situation des églises semble encore s'opposer à la réunion des paroisses, elles se trouvent placées aux extrémités de la ville. Quelle distance pour les habitants de la paroisse St-Nicolas! parmi lesquels il en est un certain nombre d'infirmes, à qui il serait de toute impossibilité de gravir jusqu'à l'Eglise St-Pierre. Ils ne vous parlent pas de la sensibilité qu'ils éprouveraient en perdant le curé qui les gouverne . . . . »

Cette protestation est signée des principaux habitants tels que Déchard, Chapon, Moüchy, Fromentin, Boisseau, Chevrolat, Dupil. Meignan, etc. La fin de la lettre fait allusion à l'affection qu'avaient les paroissiens, pour leur curé, M. Barbier, qui, quelques jours auparavant, le 13 novembre 1791, avait fait preuve du plus grand dévouement en courant éteindre un incendie qui avait éclaté, rue de l'Eglise St-Nicolas. Le curé et son vicaire M. Antoine, ainsi que les citoyens Aubry et Sébastien Deleuze sauvèrent les locataires et parvinrent à éteindre le feu, avec le secours de plusieurs habitants.

La protestation ci-dessus, eut d'abord pour effet de faire différer l'exécution des décrets, d'abord de crainte d'une sédition, et aussi à cause du peu de prêtres que possédait St-Pierre, réduit à ce moment à un seul vicaire. Mais il fut arrêté que le dimanche 4 décembre 1791 l'huissier Mouchy notifierait aux curés Jollivet et Barbier qu'ils eussent à s'y conformer.

L'assemblée nationale lut une seconde protestation qui fut déclarée illégale et inconstitutionnelle, et c'en fut fait de la paroisse et de la cure de St-Nicolas. Le jeudi 8 décembre, on fit une nouvelle pétition, les habitants demandent au curé de St-Pierre de fixer la messe à 11 heures, le dimanche pour la commodité des ci-devant paroissiens qui sont en grand nombre (Gonesse avait, en 1790, 2270 habitants). « On a d'autant plus lieu d'espérer « cette faveur, est-il dit, qu'elle les mettra à portée de satisfaire « au devoir de religion et à leur faire garder en tout temps le « respect et l'obéissance qu'ils doivent aux décrets de l'assemblée « nationale. »

Cette pétition est également couverte de signatures.

Le curé de St-Pierre n'accéda à cette demande, que quand le district et la municipalité eurent fixé le nombre, le sort et la demeure des prêtres nécessaires pour le service. On avait mis les scellés sur l'Eglise, ils furent levés le 9 janvier 1792. L'argenterie, les ornements, tout fut porté à St-Pierre. L'Eglise abandonnée, tomba peu à peu en ruines. Les cloches en furent enlevées comme inutiles et envoyées à la fonderie des Barnabites à Paris, sauf une, pour servir en cas d'incendie. Transportée à St-Pierre, par la suite, elle fut cassée en 1885. Citons ce document au sujet des cloches.

« L'an mil sept cent quatre-vingt-douze, l'an IV de la liberté « et le mercredi 18 juillet, midi précis. Nous, maire et officiers « municipaux de la ville de Gonesse, district dudit lieu, départe-« ment de Seine-et-Oise, nous sommes transporté, en vertu de

« l'invitation à nous faite par Monsieur le Procureur syndic du
« district, en la ci-devant paroisse de St-Nicolas de cette ville,
« pour, et de concert avec lui, mondit Sr procureur syndic, être
« présent à la pesée des trois cloches jugées inutiles, par le conseil
« général de la commune de cette ville et en vertu de la loi du 22
« avril dernier, de la dite ci-devant paroisse conservée comme
« oratoire. Ce à quoy il a été procédé et desquelles pesées il est
« résulté que : la première pèse 857 k. la seconde 1,007 et la
« troisième 1,407. Ce qui forme un total de 3,271 k. Ce que, du
« tout, il a été dressé procès-verbal. »

Le conseil général de la commune pensait bien que les susdites
cloches lui seraient rendues en monnaie, mais un arrêté du directoire du département du 31 juillet suivant dissipa leur illusion, et
il en fut pour ses frais.

L'Église servit donc d'oratoire pendant quelques mois mais
elle fut desservie par St-Pierre. Quant au sieur Barbier qui avait
refusé de prêter serment à la constitution civile du clergé, il resta
caché quelque temps dans une famille pour échapper aux poursuites,
puis fut forcé de s'expatrier. De son vicaire M. Antoine, il n'est
plus question également. Le presbytère fut vacant, et servit plus
tard de caserne pour la garde nationale, puis d'hôpital; le jardin
fut loué à un nommé Berger et en pleine Terreur l'Église devint
une fabrique de Salpêtre. Le 22 Nivôse an V (janvier 1797) elle
fut vendue avec les terrains en dépendant, par Claude Julien
Grangé, qui en était devenu propriétaire par simple droit d'occupation probablement, et enfin démolie. Il ne reste guère aujourd'hui
que l'emplacement, et quelques débris de sculpture conservés dans
l'Église St-Pierre.

Nous trouvons encore à la date du 28 Septembre 1793, le procès-verbal suivant:

« Les commissaires ont fait rapport qu'ils s'étaient rendus
« dans une maison située dans la rue «de tous états» de laquelle
« était propriétaire Michel Barbier, ex curé non assermenté de la
« ci-devant paroisse de S. N. de cette ville, que ce curé étant
« absent depuis environ un an, sans s'être mis en règle aux termes
« de la loi, et n'ayant depuis son départ donné aucun certificat de
« résidence, ils pensaient que les scellés devaient être apposés sur
« ses effets, et sa maison prise pour des logements militaires, en
« rendant compte du tout, à l'administration du district pour
« qu'elle fasse exécuter la loi contre les personnes suspectes
« d'émigration, ou dans le cas de la déportation. »

La citoyenne Jeanne, gouvernante chez le citoyen Barbier, ex curé, ayant réclamé pour ses propres effets, des commissaires se transportèrent chez elle, à l'effet de vérifier les affaires qui lui appartenaient, et distraire ceux du ci-devant curé pour les mettre en sûreté, c'est-à-dire confisqués au profit de la nation.

Nous terminerons ici l'histoire de St-Nicolas, par la liste des curés et vicaires dont les noms nous ont été conservés.

Curés et Vicaires de Saint-Nicolas

1	Messire YVES, curé	1276
2	JEHAN, curé	1330
3	JEHAN de NEUVILLE, curé	1415
4	JEHAN HENNIN, curé	1416
5	JEHAN BATAIL, curé	1495
6	LOUIS PINEL, curé	1530
	ROGIER BROSSEAU, vicaire	?
	MINOT FAIET, vicaire	1549

	Pasquiers Wallet, vicaire	1551
	François Lemaistre, vicaire	1555
7	Louis Pindré, curé 1566 — 1571	
	Estienne Becquet, vicaire	1573
8	Pierre Girault, curé 1574 — 1608	
9	Denis Vallet, curé 1608 — 1609	
10	Mathurin Gossé, curé 1609 — 1631	
	Jehan Forquer, vicaire	1626
	Germain Dallet, vicaire	1612
	Nicolas Huard, vicaire	1628
	Louis Boutroin, vicaire	1630
	Jacques Dilhain, vicaire	1631
	Jacques Deshays, vicaire	1631
11	Bertrand Huet, curé 1631 — 1653	
	Louis Ducrocq, vicaire	1631
	Julien Brochet, vicaire	1649
12	Jean Diretain, vicaire puis curé 1653 — 1651	
	Claude Meurice, pro curé	1651
13	Claude Jame, vicaire puis curé 1651 — 1682	
	André Blioca, vicaire	1651
	Guillaume Jean, vicaire	1658
	Claude Regnard, vicaire	1658
14	Barthélemy Tilly, c. 1682 — 1705	
	Nicolas Andrieu, vicaire	1697
	Noël Poitevin, vicaire	1699
15	Charles Lévesque, c. 1705 — 1728	
	Fleury, vicaire	1709
	Ledoux, vicaire	1710
	Fontaine, vicaire	1711
	Delafond, vicaire	1711

Bufard, vicaire		1715
Maréchal, vicaire		1715
Frémont, vicaire		1716
Debordes, vicaire		1725
Dubost, vicaire		1727
16 Pierre Bonnevie, curé	1728 —	1732
De Conquedo, vicaire		1728
Martin, vicaire		1729
17 Louis Garet, curé	1732 —	1775
18 Michel Nicolas Barbier c.	1775 —	1792
Delaplace, vicaire		1783
Antoine, vicaire		1791

Chapitre IV

St-PIERRE 1110–1500

Nous avons vu, au chapitre premier, par la charte de Galon évêque de Paris, qu'en 1110 Gonesse possédait une seule Eglise, placée sous l'invocation de St-Pierre.

Ce monument devait être déjà ancien puisque pour bâtir l'Eglise actuelle on ne conserva, selon Monsieur Eugène Lefèvre-Pontalis, que l'étage inférieur du clocher, dernier débris de l'Eglise primitive. A cette époque Gonesse est déjà une bourgade importante; nous voyons en 1154 que Louis VII assigna sur la terre de Gonesse deux muids de froment pour l'oratoire fondé dans son palais à Paris, et en 1164 une charte du même prince, parle de sa grange de Gonesse et du blé qu'on y conserve. L'année suivante un événement considérable pour le pays, devait encore augmenter cette importance. Le samedi 21 août 1165, en effet, dans un vieux castel de Gonesse, Philippe Auguste vint au monde au commencement de la nuit; de sorte que plusieurs auteurs rapportent le fait au dimanche 22 août.

La reine, Alix ou Adèle de Champagne, troisième femme du roi Louis VII, revenait sur la capitale, elle n'en était éloignée que de quelques heures lorsqu'elle s'arrêta à Gonesse dans ce château déjà ancien que nous trouvons mentionné plusieurs fois auparavant. La rue du château est citée en 1289. Au XIVe siècle, il est question de la boucherie du château et surtout de la place du château.

C'est là que naquit Philippe Auguste. La nouvelle s'en répandit à Paris la nuit même; elle y fut accueillie avec des transports d'enthousiasme; toutes les maisons s'illuminèrent, toutes les cloches furent mises en branle.

Le messager qui vint annoncer l'évènement à l'abbaye de St-Germain des Prés arriva au moment où les moines entonnaient le cantique de *Laudes : Benedictus Dominus Deus Israel.* Le lendemain dimanche, la reine et son fils entrèrent à Paris et le roi fit baptiser son héritier dans l'Eglise de St-Michel de la Place par Maurice évêque de Paris. On donna à l'enfant pour parrains Hugue abbé de St-Germain des Prés, Hervé, abbé de St-Victor, et Eude, jadis abbé de Ste-Geneviève. Constance, sœur du roi, et deux veuves de Paris lui furent choisies pour marraines. Le jeune prince fut nommé Philippe, par considération pour Philippe comte de Flandre, Auguste parce qu'il était né au mois d'août (*Augustus mensis*), et Dieudonné parce que depuis longtemps on désespérait d'avoir un héritier du trône.

Le sergent qui annonça à Louis VII que la reine venait de lui donner un fils, reçut en récompense une rente de trois muids de froment à prendre sur la grange de Gonesse. C'est alors que

Gonesse devint favorisé par nos rois, le pays appartenant déjà au comté de Paris, fut réuni au domaine de la couronne. Et la grange de Gonesse fut la source où les rois vinrent puiser les bienfaits qu'ils octroyaient. Ainsi le 28 mars 1198, Philippe-Auguste donne à l'Église de Livry une rente de 16 muids d'hivernage, à prendre sur la grange de Gonesse. Plus tard en 1219, il accorde des franchises à la maison Dieu de Gonesse, la met sous sa protection et lui octroie des faveurs. (Pièce en parchemin avec sceau de cire verte datée de St-Germain-en-Laie). Dans le vieux castel où venait de naître Philippe Auguste, les rois avaient mis des châtelains, c'est ainsi qu'un nommé *Balduinus de Gonessa*, est mentionné dans un titre de 1177. Et peut-être est-ce ce Baudoin qui présida et dirigea les travaux de la nouvelle Église St-Pierre, due à la libéralité de Philippe Auguste et à sa sympathie pour sa petite ville natale ? C'est ici le moment de faire une courte description de notre belle Église, que les siècles ont à peu près respectée. Nous rapportons textuellement une monographie faite en 1886 par M. Seré-Depoin[1]

C'est, dit-il, un élégant spécimen de l'architecture gothique primitive de l'Ile-de-France. Elle se compose d'une nef flanquée de deux bas côtés et d'un chœur entouré d'un déambulatoire. Il est intéressant de faire observer que son plan ne comprend pas de transept ni de chapelles rayonnantes: c'est une disposition assez originale qui se rencontre également dans les églises de Domont et de Meulan (S.-et-O.). La nef qui renferme huit travées en tiers-point soutenues par des colonnes isolées, était recouvertes au XIIIe siècle de voûtes sur croisées d'ogives, mais ces voûtes s'écroulèrent au XVIe siècle et furent remplacées par une charpente apparente.

(1) S E O illustré Numéro du 7 Novembre 1886. — Monographie de l'Église de Gonesse par M. E. Lefèvre Pontalis.

Au dessus des grandes arcades se trouve un triforium orné d'une série de baies géminées qui sont surmontées de quatre lobes; cette galerie est éclairée par des fenêtres dont la forme correspond à celle de ses arcatures. Le clocher, adossé au côté méridional du chœur, est un débris de l'Église primitive, car son premier étage appartient au XIIe siècle: ses baies supérieures portent l'empreinte du style en usage au XIIIe siècle. L'Architecte chargé de reconstruire l'Église à cette époque avait formé le projet de bâtir un autre clocher du côté du Nord, mais cette seconde tour latérale n'a jamais été terminée.

Les collatéraux ont conservé leurs voûtes à nervures et leurs grandes baies en tiers-point du XIIIe siècle. Le chœur n'a subi de même aucun remaniement fâcheux; sa construction est certainement antérieure de plusieurs années à celle de la nef, et peut être attribuée à l'année 1220 environ. Recouvert d'une grande voûte sur croisée d'ogives et de huit nervures qui convergent vers une clef centrale, il renferme onze travées soutenues par des colonnes isolées. Son triforium, plus simple que celui de la nef, se compose de baies géminées très étroites, appuyées sur des colonnettes. Le déambulatoire qui l'environne est voûté par des branches d'ogives habilement appareillées et son mur extérieur est percé de baies analogues à celles des bas côtés. La façade présente un portail central du XIIIe siècle, dont les pieds droits sont ornés de dix colonnettes, séparées par des rinceaux de feuillage. Il est regrettable que sa partie supérieure ait été maladroitement remaniée au XVIIIe siècle. Si l'élévation latérale de l'Église a été profondément modifiée par suite de la destruction des arcs-boutants qui épaulaient les voûtes de la nef, l'abside est heureusement restée intacte. Elle est soutenue par huit arcs-boutants et garnie de fenêtres en tiers-point encadrées par des colonnettes.

Classée à juste titre parmi les monuments historiques de la France, l'Église de Gonesse mérite d'attirer l'attention. Les dispositions particulières de son plan et de son triforium, l'élégance de son style et l'harmonie de ses proportions lui donnent une valeur archéologique incontestable.

Le XIIIe siècle d'ailleurs est l'époque où les arts enfantèrent des prodiges; les plus beaux monuments si justement admirés aujourd'hui datent de cette époque, entre autres N. D. de Paris; et parmi les hommes remarquables de ce temps, il faut citer St-Thomas et St-Louis. L'illustre docteur angélique vint faire un voyage à Gonesse accompagné de frère Richard, probablement en se rendant à Valenciennes, et il séjourna à l'Hôtel-Dieu desservi plus tard par des religieux de son ordre.

Quant à Saint-Louis, il séjourna également plus d'une fois dans notre petite ville et dans le vieux château où était né son grand-père; témoin différents actes datés de Gonesse en 1236, 1247, 1254 et 1261. Au mois de juin 1273 son fils Philippe III exempte les Gonessiens d'aller faire corvée.

Robert d'Artois, frère de Louis IX tomba subitement malade au château de Gonesse en 1237. Effrayés de son état les siens mandèrent en hâte maître Aubry Cormai, évêque élu de Chartres, pour lui apporter à la fois les secours de la religion et ceux de la science. Le prince avait une fièvre pernicieuse qui le tint longtemps en danger de mort. Maître Aubry le trouva si désespéré, qu'il pensa que seule, une grâce d'en Haut pourrait le sauver. Il s'en alla au chapitre de Paris, dont il était membre, demandant qu'une procession générale fut faite à l'abbaye de Ste-Geneviève et qu'on levât la châsse de la patronne de Paris. Le chapitre en corps se rendit à l'abbaye, et remontra aux religieux l'intérêt que présentait la vie d'un jeune prince si *vaillant*, si bien *moré* et de si *excellent courage*. La procession se fit, la guérison la suivit de près, et plus tard, devant Robert lui-même accompagnant son frère Alphonse, comte de Poitiers, pour visiter Ste-Geneviève, un religieux qui ne le connaissait pas, racontant cet événement, Robert leva sa visière et s'écria : « Je suis celui dont vous parlez et c'est à Sainte-Geneviève que je dois la vie. »

Il y avait pour Gonesse, des avantages et des inconvénients à être ainsi propriété et résidence royale. Les servitudes allaient de pair avec les honneurs, et la moins dure n'étaient assurément point la garde de la grange où les habitants devait serrer le grain, et sur laquelle les rois, qu'ils s'appelassent Louis VII, Philippe Auguste, ou Saint Louis, tiraient à vue comme sur un véritable grenier d'abondance lorsqu'il s'agissait de doter de quelques muids de froment : Les Grammontins de Vincennes, Henri le Concierge chambellan de Philippe, l'abbaye de Livry ou celle des chartreux de Paris.

Les habitants de Gonesse devaient encore amener à Paris les voleurs sur lesquels on avait mis la main, ce qui devait être assez fréquent à cause du voisinage de la fameuse forêt de Bondy. Dulaure raconte, qu'obligés alors de garder chacun une nuit, au mois d'août, la grange du roi à Gonesse, ils ne pouvaient trouver à se marier à des femmes libres, à cause de cette servitude. Ils réclamèrent, et sur l'enquête faite par Hugues d'Athis, le roi justicier les délivra de ces servitudes, ne se retenant que le droit de chevaucher et de servir à l'armée. Dans le même temps, où la coutume était que les villages du Parisis fournissent les animaux au prince, Gonesse en fut exempté. Ce privilège fut confirmé par Philippe le Bel en 1305, Jean II, 1355, et par Charles V également.

Il nous faut revenir maintenant à l'histoire paroissiale de

St-Pierre. A cette époque lointaine, on comprendra que les documents nous fassent défaut. Nous avons cependant trouvé dans le cartulaire de N. D. de Paris, à la date du mois de septembre 1253, le nom d'un curé de St-Pierre; c'est le premier dont l'histoire fasse mention. Messire *Reginaldus*, c'est son nom, déclare avoir reçu du chapitre de Paris, comme fruit de sa cure, 12 deniers parisis de rente, sur une place, située à Gonesse près de la maison presbytérale. En 1292, il est question, dans les archives, de 300 livres de rentes que rapportait à l'Église la location du marché, dont elle n'était cependant pas encore propriétaire. Elle le devint en 1479, comme nous le verrons. Le second curé connu, en 1293, s'appelait *Geoffroy*. Dans le cours du XIVe siècle, on n'en cite qu'un seul, dans un procès jugé en 1307; il est nommé *Jehan Le Clerc*, et qualifié clerc du roi à la date du 26 septembre 1381.

Dans le cours de ce XIVe siècle, nous trouvons aux archives : Un contrat de 16 sols de rente, sur une maison, rue des Forges, tenant à l'Hôtel Dieu (26 décembre 1307).

En 1308, le ... Philippe le Bel donne aux dames de Poissy 200 livres de rente sur la terre de Gonesse, pour en jouir après le décès de Foulques de Régny chevalier.

Louis X le Hutin gratifia pareillement le monastère des Clarisses du Moncel proche Pont Ste-Maxence, de 200 livres de rente sur la même terre (1315).

C'est à cette époque, qu'il nous faut placer un épisode de la Jacquerie, et parler de l'illustre famille d'Orgemont.

A l'entrée de Gonesse, dit M. Léopold Delisle, le voyageur qui vient de St-Denis longe les murs d'un domaine, auquel un large colombier donne un aspect féodal. Connu depuis des siècles,

sous le nom d'Orgemont, ce domaine qui appartient aujourd'hui à
M⁰ Laverne, notaire à Paris, fut le berceau d'une famille dont le
plus ancien membre connu, Jean d'Orgemont, figure dans les actes
de l'Hôtel-Dieu, à la date de 1319.

En 1357, les mêmes actes nous montre à Gonesse maître Pierre
d'Orgemont, conseiller du roi. C'est celui-là même, qui devint plus
tard chancelier de France et de Dauphiné. L'importance de l'établissement qu'il avait à Gonesse, ressort surtout du tableau des
excès auxquels les agents d'Etienne Marcel se livrèrent en 1358. Cette
année là, Charles le Mauvais, roi de Navarre, résidait à Gonesse,
sans nul doute dans le château de Philippe Auguste, et il attendait
le moment favorable pour tenter un coup de main sur Paris et se
faire proclamer roi de France. Etienne Marcel allait lui ouvrir la
porte St-Denis, quand l'échevin Maillard l'en empêcha, en le tuant
d'un coup de hache.

M. Siméon Luce, dans son livre « *La Jacquerie* », raconte que
le prévôt des marchands avait envoyé contre le manoir d'Orgemont
deux émissaires, Pierre Gilles et Pierre des Barrés, à la tête de
500 hommes d'armes. A St-Denis, ils reçurent des renforts, de
sorte qu'ils avaient plus de 600 gens d'armes quand ils arrivèrent à
Gonesse. La ville était alors dénuée complètement de murailles,
elle fut fortifiée depuis lors (1369) et c'est probablement dans le
cours de la guerre de cent ans que ses murs furent rasés. Quoi
qu'il en soit, c'était donc une simple bourgade et la population se
composait de marchands drapiers et de laboureurs. Les habitants
saisis de la frayeur la plus vive, à la vue de cette troupe de gens
d'armes n'essayèrent aucune résistance.

Aussitôt arrivés, Pierre Gilles et Pierre des Barrés se dirigè-
rent vers le manoir que possédait en cet endroit Messire Pierre

d'Orgemont, conseiller du roi et président au Parlement. Ce manoir était naturellement fourni de tout le mobilier ordinaire d'une grande exploitation rurale, tels que meubles proprement dits, ustensiles, instruments de labour et bestiaux. Il y avait, entre autres richesses de cette dernière espèce, 592 bêtes à laine, et dans ce nombre, 300 moutons gras, dont Pierre d'Orgemont avait refusé 3000 écus d'or il y avait moins d'un mois. Les gens d'armes de Paris se saisirent de tous ces biens, d'une valeur de mille royaux d'or environ (¹), et en firent ensuite le partage entre eux, de manière que chacun put en prendre sa part et en disposer ensuite comme bon lui semblerait. Non contents de ce pillage, ils mirent en réquisition un certain nombre d'ouvriers charpentiers et de couvreurs de l'endroit avec l'aide desquels ils ruinèrent de fond en comble la maison, la grange, et tout le corps de bâtiment servant à l'exploitation de la ferme de Pierre d'Orgemont. Ils détruisirent les toitures enlevant et jetant à terre les tuiles qui les composaient, ils brisaient la charpente destinée à les soutenir ; ils rompaient les barreaux de fer et les vitres des fenêtres, accompagnant ces violences de malédictions et d'injures à l'adresse de leur victime. Une autre habitation située au lieu dit le « *Tas de chaume* », et appartenant, ainsi que la première, à Pierre d'Orgemont, fut bientôt après en butte aux mêmes ravages.

Mais tous ces maux des discordes civiles furent vite réparés, et sous le sage gouvernement de Charles V, Pierre d'Orgemont son conseiller, rentra dans son manoir paisiblement. C'est peut-être à la famille d'Orgemont et à cet épisode de la Jacquerie que Gonesse dut d'être fortifié pendant près d'un siècle. Les armes de-

(1) Monnaie d'or frappée sous Philippe le Bel et ses successeurs, le petit royal valait 13 sous 5 centimes environ 10 fr. 74 et le grand royal ou gros royal, valait le double. Le royal était ainsi appelé parce que le roi y était représenté vêtu de ses habits royaux (Dict. Bouillet)

d'Orgemont étaient d'azur à trois épis d'or rangés. Tel est l'écu représenté sur le sceau de Pierre d'Orgemont, en tête du rouleau qui contient le testament de son fils évêque de Paris en 1397, et sur des livres qui ont appartenu à ce prélat.

Après cette épisode de la Jacquerie, revenons à nos archives. Nous trouvons encore parmi les documents du XIVe siècle :

En janvier 1340, une sentence rendue en la prévôté de Gonesse, par testament de Jeanne Beaugrand, par laquelle a été donné à la fabrique, un arpent 14 cordes, attenant à Jean Menessier. —

Le 17 octobre 1390, rente d'une livre 10 sols sur une maison rue des forges, pour le service divin. —

Un autre titre, du 8 mai 1387, de 7 sols parisis de rente, sur une maison, etc., etc.

Nous trouvons dans les siècles suivants une foule de donations, de contrats, de titres de toutes sortes; nous mentionnons seulement ceux que l'on vient de lire, parce que ce sont les plus anciens.

Le 20 juin 1381, François de Poncher évêque de Paris consacra le grand autel de St-Pierre, il dut probablement consacrer l'Eglise le même jour, la dédicace s'en faisait le 4e dimanche après Pâques, au XVIIIe siècle, et cette seule preuve de la consécration de l'Eglise a paru suffisante à l'évêché, lors de l'érection d'un nouveau maître autel (17 août 1875).

Parlons maintenant de la «Donnée» antique et précieux parchemin dont nous ne donnerons ici que le résumé, vu sa longueur. Il consiste dans une fondation faite en février 1412, par Estienne Hervy et Catherine sa femme.

Ils lèguent à perpétuité à la paroisse St-Pierre : 18 arpents,

1 quartier de terre et 22 sols parisis de rente à charge d'une messe haute, et pour qu'il soit fait distribution tous les ans, le mardi qui suit la chandeleur, d'un pain de la valeur de deux deniers parisis, à tous les pauvres qui se présenteront devant la porte de l'Eglise.

Comme dans la suite, ce ne fut pas une sinécure de faire cette distribution, il y eut un bureau de constitué dont faisaient partie les curés de St-Pierre et de St-Nicolas. Il y eut aussi des contestations au XVII siècle, le curé de St-Pierre prétendant que les pauvres de sa paroisse devaient avoir la préférence et la part la plus grosse, et que le bureau devait délibérer au banc-d'œuvre.

L'archévêque de Paris trancha la difficulté en décidant que le curé le plus âgé serait le président et qu'on n'aurait nul égard aux paroisses; de plus, que le bureau siégerait à l'Hôtel-Dieu. Cette fondation pieuse qui soulagea les pauvres pendant près de 400 ans cessa, comme tant d'autres, à la Révolution.

Citons encore comme fondations du XV° siècle: du 27 février 1406: « 8 sols de rente sur deux maisons au vieil marché »

Du 14 septembre 1413 donation à l'Eglise St-Pierre de 14 sols parisis de rente et 1 arpent 1/2 de terre, par Jehan de Croux diacre, chanoine d'Evreux, natif de Gonesse, dont nous avons déjà parlé au chapitre II.

Du 31 janvier 1423 titre de 20 sols parisis de rente sur une maison rue de Joienval (aujourd'hui place de la Madeleine, le long de la propriété d'Orgemont).

Il nous reste dans le dépôt des archives du presbytère un livre de comptes de 1440 à 1445. Citons enfin une sentence donnée par Monsieur le prévôt de Gonesse le 27 mars 1499, pour 5 sols

4 deniers de rente sur une maison, sise rue St-Pierre, vis à vis la croix du cimetière (aujourd'hui cet emplacement est occupé par le notariat).

Et puisque nous sommes sur ce chapitre des fondations, c'est le lieu de rappeler la donation faite le 24 août 1479, par Messire Regnier, évêque de Troyes en Champagne, lequel possédait un grand hôtel avec granges, étables, celliers, cours et jardins situés « en la ville de Gonnesse devant l'Eglise St-Pierre, tenant d'une part au presbytère de ladite Eglise, de l'autre à la voirie abboutissant par derrière à la fontaine de ladite ville; et à la grande rue St-Pierre d'un bout, et d'autre bout à une petite ruelle par laquelle on va au cimetière dudit lieu. »

Il est facile de voir par ce passage, qu'il s'agit de l'espace compris entre la fontaine St-Pierre et le vieux cimetière ou la place actuelle du marché.

Nous pensons donc que ce qui est nommé aujourd'hui le vieux marché, a dû servir en effet d'emplacement pour les marchands de grains et fariniers, dont il est question dès l'an 1165. Puis il fut abandonné, et les cours et jardins de Messire Regnier, donnés à l'Église, servirent alors pour les marchés qui se tenaient les lundis et vendredis. Ce nouveau marché s'appelle aujourd'hui place de l'hôtel de ville. Nous verrons plus loin, sous Louis XIV, quelles étaient les denrées, l'aliénation qui s'en fit sous Louis XV, et les excès qui s'y commirent pendant la Terreur. Au XVe siècle, le marché consistait surtout en draps. Les marchands payaient une redevance pour la place qu'ils occupaient; c'était une des ressources de la fabrique. Ces fabriques de drap remontaient à la fin du XIIIe siècle, et prirent assez d'importance pour que les habitants, si peu nombreux qu'ils fussent, puisque St-Pierre ne comptait en

1470, que 60 feux, obtinssent à Paris, une halle particulière au bout de la rue d la Tonnellerie, dont elle faisait le coin. On l'appelait alors la *halle aux bourgeois, habitants, pelletiers et drapiers de la ville de Gonesse (1407)*. Elle prit ensuite le nom de Petit Palais. Philippe de Mézières, conseiller de Charles V, voulant porter le dauphin (Charles VI) à mépriser le faste, marqua dans un livre fait pour son instru ion, que les rois ne s'habillaient point de drap de Bruxelles ou de Malines, mais de *drap de G nesse*. Au siècle derni on nommait encore la rue de la Vieille draperie, peut-être est-ce le chemin qui conduit aujourd'hui au lieu dit : *Le Moulin à drap*. Ces fabriques étaient mues par les eaux du Crould. Quand elles furent détruites on leur substitua des moulins à farine, et de drapiers, les Gonessiens se firent meuniers et boulangers. Nous ne pouvons quitter ainsi ce XVe siècle sans dire un mot des événements de l'histoire qui eurent quelques rapports avec notre petite ville. Lors de l'assassinat du duc d'Orléans en 1407, un docteur de Paris, Jean Petit, essaya d'en faire l'apologie; Jean de Gonesse fut un de ceux qui le combattirent, et soutint que 9 de ses assertions étaient contraires à la foi (1410). Jean Petit fut condamné par le concile de Constance (15e session 1414-1418) La tradition dit que Jeanne d'Arc livra un combat aux Anglais, sous Mont-Mélian, en allant sur Paris en 1429. Elle prit alors Luzarches qui avait été confisqué par le duc de Bedfort, vint ensuite à Ecouen puis à St-Denis. De là, en s'en allant sur Compiègne, elle fit reposer ses soldats à Gonesse, au bord d'une fontaine pour y abreuver les hommes et les chevaux. Cette légende a fait donner à cette fontaine et au chemin qui y conduit, le nom de « Dame Jeanne ». Cette fontaine toujours à sec, ne coule que quand il doit arriver quelque calamité. C'est ainsi, disent les gens du pays, qu'elle a coulé en 1848 et en 1870 ! Ce qu'il y a de vrai dans cette gracieuse légende, c'est qu'on signale réellement le passage de Jeanne d'Arc à Roissy, et que le nom de Dame Jeanne, donné à la route et à la fontaine est plusieurs fois répété au XVᵉ siècle.

Sous Charles VI, Gonesse appartenait au parti des Armagnacs, mais le 24 octobre 1443, Charles VII la reprit. En 1403, la veille de la fête du St-Sacrement, le tonnerre étant tombé, et la grêle ayant ravagé les blés, le roi Louis XI fut engagé par ce malheur à faire une diminution à ses laboureurs (Sauval III, 374). Sous le même règne en 1405, les Bourguignons firent un mois résidence et y commirent d'affreux dégâts.

Trois ans après, en octobre 1468, ce fut à Gonesse que furent convoqués les nobles qui tenaient fiefs et arrière-fiefs dans le vicomté de Paris.

Tels sont les faits saillants de l'histoire de Gonesse pendant la période du XIIᵉ au XVIᵉ siècle; nous n'avons pu trouver pendant le XVᵉ que les noms de deux curés de St-Pierre, ce sont Messires : Barthélemy Ferand (1466-1486) et Jehan Guyon (1486 — ?).

Chapitre V

SAINT-PIERRE 1500-1789

Le grand orgue de 1508. - Clergé de St-Pierre au XVIᵉ siècle. - Henri IV. -
La journée des farines. - Le pain de Gonesse. - Un coin de Gonesse vers 1650. -
Testament de M. de Mincé. - Confréries. - Nos belles chapes de 1668. - Chute
du premier ballon « Le Globe ». - Miracle de St Pierre.

Nous ne pouvons mieux commencer l'histoire du XVIᵉ
siècle qu'en parlant de nos belles orgues, puisqu'elles
portent la date de 1508. Pour en raconter l'origine, nous nous
servirons d'un article, publié dans le journal « l'Echo du monde
savant » à la date du 9 mars 1839.

Selon toute apparence, l'Eglise ne possédait pas d'orgue avant
le règne de François I, du moins il n'en est fait mention nulle
part dans les livres de comptes antérieurs à cette époque. Nous
voyons au contraire, qu'à partir de cette date de 1508 les orgues
furent réparées plusieurs fois, en 1630, 1668, 1680, 1733, 1790,
1823, (1840 grâce à une somme de 2000 fr. donnée par Madame
Veuve Bocquet) et enfin en 1884 grâce aux soins de Monsieur l'abbé
Thibault curé de Gonesse. L'orgue fut donc construit selon toute

apparence sous le règne de François I, (¹) prince, qui, par parenthèse, se glorifiait, par dérision, du titre de « *Seigneur de Vanrres et de Gonesse* » dans ses épitres à Charles-Quint. Cette qualification toute fine et toute spirituelle, soulignait la petitesse de « son cher-cousin » qui aimait à joindre à son nom toutes sortes de titres fastueux. C'est du règne de ce prince, que l'orgue, qui n'avait été jusqu'alors qu'un instrument portatif, acquit l'importance qu'on lui voit de nos jours, et qu'on établit des orgues de grandes dimensions dans des cages fixes, appelées Buffets; enfin qu'on créa le mécanisme ingénieux qui sera toujours réputé comme un effort prodigieux de l'esprit humain.

Outre le mécanisme dont les détails prouvent qu'alors même on savait déjà beaucoup sous le rapport de cet art, on y voit une disposition de ce qu'on appelle la " *Montre* " ou façade de l'orgue qui présente par ses curieux détails une originalité qui lui est propre. Sans nous étendre sur les délicatesses des sculptures à jour, des arabesques peintes, et sur six por... ts ou médaillons qui sont de la plus belle époque de la Renaissance, nous nous arrêterons plus spécialement sur trois tuyaux qui occupent les trois parties principales de la Montre; un, au milieu et les deux autres de chaque côté; ces trois tuyaux sont, parait-il, tout ce qui reste d'un ancien instrument donné par la Reine Blanche de Castille. Ils n'ont évidemment été placés que comme ornement, et pour faire diversion à la monotonie des tuyaux, placés comme nous les voyons, dans les orgues modernes. Ce sont de gros tubes d'étain comme les tuyaux ordinaires, ornés de quatre colliers en étain, sculptés, également distants les uns des autres, et séparés par des arabesques qui couvrent la partie cylindrique laissée libre entre

(1) Du plus exactement sous Louis XII paraît-il porte la date de 1508

chaque collier. Ces arabesques sont en or sur fond bleu foncé. Le cône qui forme le pied du tuyau est orné de feuilles qui l'embrassent en forme de culot. Tous ces colliers et tuyaux étaient dorés dans le principe, ainsi que le reste de la menuiserie, comme on en voit encore quelques traces, sous les couches de peinture qu'on a passées pour se débarrasser sans doute de l'entretien de la dorure. Pour la même cause, on a gratté l'or couché sur l'étain des tuyaux et pour donner à tout cela une teinte uniforme, on a couvert les arabesques de papier d'argent sous lequel elles sont restées jusqu'en janvier 1839, ce qui les a conservées. Ce buffet d'orgue, comme tous ceux qui existent encore, tant à Chartres qu'à Metz et à Moret, était supporté par une voussure en encorbellement placée au-dessus de la porte d'entrée. Cette voussure demi-cintrée supportait le buffet ainsi qu'une tribune placée en avant et fermée par une balustrade chargée de sculptures en bois peint et doré. On en a trouvé des restes précieux, mais mutilés, dans la chambre de la soufflerie (¹). La voussure qui existe encore représente les anges dans le ciel jouant de toutes sortes d'instruments. Cette peinture dite à l'œuf est très appréciée des amateurs. On y remarque surtout un ange tenant un orgue sur ses genoux; il en touche d'une main et de l'autre fait aller le soufflet placé derrière l'instrument, ce qui prouve qu'alors on se servait encore de l'orgue comme instrument mobile. A côté, est un autre ange qui souffle dans un instrument de la plus parfaite ressemblance avec notre trombone à coulisse, dont l'usage a été rapporté, dit-on, d'Allemagne, par nos armées : il est probable qu'alors on s'en servait aussi. Ces peintures qui paraissent être de l'école du Primatice, sont dans un état de vétusté qui dérobe les nombreux détails dont elles étaient couvertes. L'orgue tel qu'il était dans le principe ne se composait

(¹) On peut voir une chambre analogue dans l'Église de Montfort l'Amaury.

que d'un seul buffet appelé par la suite grand orgue. On y a ajouté depuis, ce qu'on appelle un positif ou petit orgue placé en avant de la balustrade. L'adjonction des positifs dans les orgues date du règne de Louis XIII.

C'est à cette époque, pensons-nous, que fut établi celui de Gonesse. Cette addition a nécessité la destruction de l'ancienne balustrade pour y mettre le positif, et une nouvelle balustrade dont les panneaux sont ornés de peintures et de trophées religieux. Cet agrandissement a nécessité aussi celui de la voussure à laquelle on a donné toute la largeur de la nef, qu'elle n'avait pas autrefois. Tel est l'état actuel du buffet de l'orgue. L'instrument dût sa conservation pendant la Révolution à une circonstance assez singulière. L'Eglise changée, comme nous le verrons en club révolutionnaire, était le théâtre d'orgies et de fêtes patriotiques; on trouva plus commode de se servir de l'orgue pour les danses ou les chants, que de faire venir des musiciens de Paris comme on le fit en deux ou trois occasions.

Lors des réparations faites en 1840, il avait été arrêté que les trois gros tuyaux à ornements, sur l'un desquels on a trouvé la date de 1508, seraient conservés et replacés dans la nouvelle montre. Lorsqu'ils furent descendus, on s'aperçut qu'ils étaient dans un tel état de vétusté qu'il serait impossible de les faire parler ou du moins de les harmoniser avec les autres : l'étain corrodé par les peintures qu'on y avait appliquées, était tellement flexible qu'il cédait sous les doigts. Ne voulant pas détruire ces vieux serviteurs qui pendant plus de trois siècles avaient chanté les louanges du Très haut, mais désirant venir au secours de leur vieillesse défaillante, il fut arrêté que des tubes neufs seraient substitués aux anciens et qu'on y appliquerait les colliers et culots d'étain qui en faisaient l'ornement. Ce qui fut fait. Cette réparation coûta 4.875 francs, lors de la réception de l'orgue, le 30 Janvier 1841. Les grandes orgues actuelles ont été refaites entièrement en 1881, à l'aide d'une souscription. Elles se composent de 22 jeux répartis sur deux claviers et un pédalier. Elles furent bénites et inaugurées solennellement le lundi 23 Juin. Ce nouvel instrument fait honneur à la maison Abbey, frères, de Versailles, qui a su lui conserver son cachet d'antiquité, tout en y adaptant les perfectionnements modernes.

Pour revenir à l'histoire paroissiale, nous jugeons intéressant de mentionner ici, comme nous l'avons fait pour St-Nicolas, quelques noms des habitants de St-Pierre. Nous trouvons, comme dans les siècles précédents, une foule de titres et de donations diverses, qu'il serait trop long de rapporter, relevons toutefois les testaments de Liénard Marchal (6 mars 1587); Nicolas Parisis (3 novembre 1589); Jeanne Rolle, femme Gourguenel (10 décembre 1589); Catherine Laurent (Juin 1590); Jeanne Lierre (1590), etc., etc. Tous, dans leurs dispositions dernières laissent de leurs biens à l'Église, soit à titre gratuit, soit à charge de prier pour le repos de leur âme.

La rédaction de ces testaments est faite par les curés ou les vicaires; et c'est leur signature qui nous a donné les noms, malheureusement en petit nombre du clergé de St-Pierre, pendant le XVIe siècle. Ce mot de clergé paraîtrait aujourd'hui un peu prétentieux, mais alors St-Pierre possédait trois et quatre vicaires, et autant de chapelains, pour l'acquit des messes et fondations, qui étaient en plus grand nombre encore qu'à St-Nicolas.

Les noms qui nous ont été conservés sont ceux de MM. Estienne Boniface; Jehan Devoulges, curés; Guillaume Lemarchand,

Denis de la Ronde, Antoine de Gerbeuille et Pierre Baudenaille, vicaires. Nous ne pouvons leur assigner aucune date certaine, mais ils existaient certainement vers la fin de ce siècle (1589).

Cette date nous amène à parler du bon roi Henri IV, que Gonesse eut l'honneur de posséder dans ses murs. La fabrique de St-Pierre même, à deux reprises différentes, lui prêta de l'argent pour payer ses gens de guerre, mais il est fort probable que ce ne fut que contrainte et forcée, car les Gonessiens étaient fort bons catholiques, et il n'existe nulle part de trace, si petite soit-elle, de parti protestant, pas même un seul individu qui ait embrassé le culte de la soi-disant Réforme. Quoi qu'il en soit Henri IV vint camper à Gonesse en 1590, lorsqu'il eut vu Lagny pris par le parti de la Ligue, et sa deuxième tentative sur Paris échouée. Dans une lettre au marquis de Déplas, le Béarnais demande de la paille du Thillay, la trouvant excellente, pour se reposer. De temps à autre il partait en expédition, et revenait se ravitailler à Gonesse, puisque Paris était assiégé. Les boulangers ne pouvant plus écouler leur pain dans la capitale nourrissaient vraisemblablement ses soldats. Une vaine tentative contre St-Denis, commandée par le chevalier d'Aumale qui y fut tué, venait d'avoir lieu, lorsque Henri voulut essayer un coup de main contre la porte St-Honoré. Après avoir publié que son intention était de se mettre en quartier d'hiver, il dirigea contre cette porte des officiers déguisés en paysans et menant des ânes chargés de farine. D'autres officiers conduisaient des charrettes vers le faubourg voisin, des cuirassiers et des arquebusiers les suivaient, les suisses déjà approchaient avec des échelles, mais tout fut découvert, les Parisiens étaient sur leurs gardes et il fallut battre en retraite. C'est dans l'une de ces rencontres qu'il pardonna à deux paysans qu'on allait pendre pour avoir essayé de faire entrer du pain dans Paris par une poterne. Henri leur donna tout l'argent qu'il avait sur lui, et les renvoya en leur disant : « *allez mes enfants, le béarnais est pauvre, s'il en avait davantage, il vous le donnerait.* » Bien que l'histoire n'en dise rien, est-il invraisemblable de supposer que ces deux paysans étaient des boulangers Gonessiens ?

Ce qui nous le fait croire c'est qu'Henri IV a son camp à Gonesse, comme le prouvent les trois lettres suivantes ; la première est adressée :

A nos très chers et bien aimez les maire et jurats de nostre ville de Bourdeaulx (Bordeaux) ; elle se termine ainsi :

Confortés nostre labeur de vos bonnes prières et assistances particulières quand l'occasion y escherra, ainsy que vous avez tousjours monstré avoir bonne intention de faire.

Donné au camp de Gonnesse, le XIe jour de Septembre 1590.

HENRI.

Une autre, du 29 mai 1590, et donnée au camp de *Gonesse,* est écrite aux échevins et habitants de St-Quentin. Henri leur annonce le siège de Paris.

Le 10 septembre 1590, il écrit pour le même sujet au duc de Piney-Luxembourg. Cette lettre est aussi datée du camp de *Gonnesse.*

Dans l'affaire de la porte Saint-Honoré, nous pouvons donc également supposer que les déguisements des officiers, venaient des meuniers et fariniers de Gonesse, auxquels on les avait empruntés ou soustraits. Nous supposons encore que c'est à partir de la journée des farines et de l'équipée d'Henri IV, que le pain de Gonesse prend une notoriété si considérable. Les drapiers et pelletiers ont presque disparu et tout le monde, ou peu s'en faut, est boulanger. Nous lisons les noms suivants dans un extrait des registres du Parlement du 10 juin 1677 : *Jean Laperlier, Nicolas Boudon, Jacques Aubert, Nicolas Lambert, Jean Perrault, Pierre Poisson, Jean Fournier, Pierre Aubert, Guillaume Grimperel, Jean Laperlier, fils d'Etienne, Laurent Michel, Pierre Dufrénois et plusieurs autres, tous marchands boulangers demeurant à Gonesse.* Dans le même extrait il est dit que les *boulangers sont au nombre de sept à huit vingts* (140 à 160). Dans un autre extrait sont cités: *Louis Gouffé, Jacque Barbier, Nicolas Dubois, Sébastien Mouchy, Louis Mil, Jean Vigneron etc.*

C'est que le pain qu'ils font est d'espèce particulière, les Parisiens en raffolent. Vigneul de Marville dit dans ses mémoires (¹) que l'expérience fait voir que c'est aux eaux du Crould que nous devons le bon goût du pain qui se fait à Gonesse. Le dictionnaire de Trévoux dit que le pain de Gonesse est un pain spécial, d'une meilleure qualité que les autres, à cause de la bonté des eaux qui se trouvent à Gonesse, bourg à trois lieues de Paris. C'est un pain léger et qui a beaucoup d'yeux qui sont les marques de sa bonté. L'article finit par la citation d'un proverbe espagnol à ce sujet. Dubreuil (²) dit que ce qui relève davantage la gloire de Gonesse c'est la délicatesse du pain qui s'y fait et qui le rend si recommandable aux Parisiens. Le médecin Pierre Petit à la tête d'une pièce imprimée dit à propos de la fontaine de Goussainville : *In agro Parisiaco ad octavum circiter ab urbe lapidem, suburbanum est amplum, nobile opulentum nec minus amœnum nomine Gossinvilla pagus ejusdem nominis adjacet; incolis frequens Domino inclytus. In eo suburbanus fons oritur non fertilitate modo quam præstat regioni sed etiam usu præcipuo memorandus. Si verum est non*

(1) Tome III p. 94.

(2) Antiquité et recherche des Villes de France.

posse aliis aquis laudatissimum illum panem confici quem ab oppido *Gonessa Gonessiacum* vulgo nuncupamus, eam nunc proprietatem seu verè seu falso creditam sed tamen creditam versibus celebrare visum est.

Plus bas, il ajoute :

Serrarius in suo agriculturae theatro auctor est, pistores Gonessae super commendata panis illius bonitate publicè aliquando interrogatos, communi sententia respondisse ejus bonitatis aquarum quibus uterentur, ingenio esse adscribendam.

Pierre Petit rapporte ensuite à quelle occasion il composa ce poëme, sur la demande en quelque sorte de Monsieur de Nicolaï seigneur de Goussainville. Ce poëme de 400 vers environ est intitulé *Gonessiades lymphae* ou *Fons Gossinvillae.* Il commence ainsi :

> *Est mihi fas grande paulum intermittere curas*
> *Sæpè quibus Lodoice tuos non segnis honores*
> *Gentibus ostendi . . . .*

Le dernier vers finit ainsi :

> *. . . . . Alma tuum Terra audiat undique nomen* (¹).

Les boulangers de la capitale s'émurent de la vogue qu'eut alors le pain de Gonesse, et une guerre acharnée (de mitrons) s'ensuivit, lorsqu'on fabriqua pour la première fois du pain mollet.

(1) Traduction : Dans l'Ile de France, à trois lieues environ de Paris, il existe un petit bourg important, très ancien, très célèbre non moins que pittoresque, c'est Goussainville. A peu de distance du bourg est une source limpide entre toutes et recommandable par ses qualités maîtresses. S'il est vrai que le pain dit de Gonesse, bourg voisin, doit ses propriétés excellentes à la qualité particulière de cette eau, vraie ou fausse, cette Renommée est digne d'être chantée des Muses.

Serrarius dans son traité de l'agriculture, dit que les boulangers interrogés sur la cause de cette bonne qualité de leur pain, répondent unanimement qu'elle est due à l'eau dont ils se servent.

Charles Marie La Condamine a raconté cette curieuse querelle dans les vers suivants :

On connaissait le pain mollet
Un siècle avant l'abbé Nollet
On l'appelait pain à la Reine
Médicis notre souveraine
L'ayant trouvé fort de son goût
En faisait son premier ragoût
Ainsi fit la cour et la ville
Chacun pensait faire un bon chyle
Et le tout se passa sans bruit
Jusqu'en six cent soixante et huit
Que les boulangers de Gonesse
Ennemis nés du pain mollet
En vertu de leur droit d'aînesse
Voyant que ce goût prévalait
Par une mauvaise finesse
Le dénoncent au Parlement
Comme un dangereux aliment
Lors les pères de la patrie
Réfléchissant sur leur santé
Somment la docte Faculté
De déclarer sans flatterie
Ce qu'on doit penser de la mie
Que mâchent depuis soixante ans
Ceux même qui n'ont point de dents
Ne peut-elle pas être aigrie
Et par de secrets accidents
Avoir troublé l'économie
De leurs bénins tempéraments ?

Vous connaissez les poisons lents
Qui minent sourdement la vie.
Chacun pour ou contre parie.
La Faculté de tous les temps
Eut des Astrucs et des tyrans
Guy Patin en était despote
(Je tiens de bon lieu l'anecdote)
Il soutint que la mort volait
Sur les ailes du pain mollet
Mais Perrault son antagoniste

Dit tout haut : « Je suis pain molliste
Messieurs, et je vous soutiendrai
Que vous l'avez bien digéré »
Patin reprend : « Mais la levure
Et celle de Flandre surtout
Ce ferment d'une bière impure
Est un germe de pourriture
Contraire à l'humaine nature
Quel démon a soufflé le goût
De cette invention moderne ?

— Moderne ! . . . . interrompit Perrault
Votre mémoire est en défaut
Apprenez qu'au canton . . . . . de Berne
On en fit du temps . . . . d'Holopherne !
Mais ne recherchons pas si haut
De la levure l'origine
Je vous la montrerai dans Pline
Je vois bien que maître Patin
Sait mieux le grec que le latin »

Patin fait un saut en arrière

Et pour la levure de bière

Chacun des deux docteurs, est prêt

A prendre l'autre à la crinière

La cour à leur ardeur guerrière

Met le holà par son arrêt:

— Défendons d'acheter ni vendre

Levain ni levure de Flandre

Condamnons les contrevenants

En l'amende de cinq cents francs

Depuis ce temps, en conséquence

C'est-à-dire depuis cent ans

Dans la capitale de France

Il entre levains défendus

Chacun an, pour vingt mille écus

Et de Janvier jusqu'en Décembre

Licenciés et bacheliers

Et présidents et conseillers

Des enquêtes, de la grand'chambre

En prenant du café au lait

Rendent hommage au pain mollet (1)

Mais c'est assez parlé sur ce sujet, donnons maintenant un petit aperçu de la paroisse au commencement du XVII⁰ siècle, comme nous l'avons fait pour Saint-Nicolas. Sur une hauteur, dominant tout le pays, s'élève la belle Eglise de St-Pierre dont le clocher se voit de très loin. Autour de l'Eglise est le cimetière, ce mystérieux dortoir selon le langage symbolique de la foi

(1) Pour mettre fin à la querelle, les mitrons de Gonesse descendirent peu à peu dans les faubourgs St-Denis et St-Martin, et bien que peu à peu Gonesse conserva ses moulins mais perdit ses boulangers.

religieuse, où les ancêtres attendent au pied de la croix le signal du réveil. Au centre du cimetière cette croix se dresse vis-à-vis le portail de l'Eglise comme le symbole de la résurrection future. C'était une pensée pieuse qui portait nos pères à dormir leur dernier sommeil à l'ombre de la croix, tout près de leur Eglise où ils étaient venus si souvent prier. C'était aussi un pieux usage d'aller sur les tombes, après la grand'messe, prier pour une personne aimée. Les murs du cimetière étaient tapissés aux jours de Procession, lorsque St-Pierre allait visiter St-Nicolas; le dimanche suivant c'était au tour de St-Nicolas de venir prier à St-Pierre. Il fallait pour cela traverser le champ du repos et les défunts bénéficiaient du passage de l'hostie sainte. Jésus-Eucharistie les bénissait au fond de leur tombeau de pierre ou de verdure, quand la procession se déroulait à travers les allées, aux jours du Corpus Christi.

Au sortir de St-Pierre, la rue actuelle qui porte le nom de rue de l'hôtel de ville, s'appelait alors du côté de Bouqueval *rue du tas de chaume*; devant l'Eglise, *grande rue St-Pierre*; et à partir du Marché, *rue de la Cage*. La rue Pierre de Thillay s'appelait *rue de Belval*, du côté de la Madeleine; *rue des Forges*, et *rue de Normandie*.

La ruelle d'enfer en face l'Eglise, portait déjà ce nom mais elle possédait des maisons à deux étages et c'était spécialement le quartier des indigents, comme nous le voyons sur une liste de 1631. Les deux petites rues de la place du Marché s'appelaient *petite ruelle* et *grande ruelle*, elles aboutissent rue de l'Hôtel Dieu, appelée alors *rue Basse St-Pierre*. Au milieu de cette rue, en face la maison de M. Normand s'élevait une croix entourée d'arbres comme à la croix des ormes de St-Nicolas. Elle fut abattue à la révolution, et l'emplacement porta même quelque temps le nom de *Place Murat*. En descendant la rue de l'Hôtel Dieu nous trouvons la rue principale de Gonesse qui portait les noms suivants : A partir de la Madeleine jusqu'à l'hôtel des voyageurs, c'était la *rue du Vignois*. De là, jusqu'à la rue de l'Hôtel Dieu c'était la *rue du Châtel* dans laquelle se trouvait *l'impasse de la geôle* (¹). Puis la rue *des Huilliers* et la rue *de tous Etats*. Le vieux marché s'appelait déjà ainsi, comme nous l'avons vu, au XVe siècle : il était traversé par le *chemin des Fromages*. On allait à St-Nicolas par le chemin d'Aulnay, où la *ruelle Braque*, la *rue des Archers*, et la *rue de Mirille* ; aujourd'hui ce sont les rues d'Aulnay, de St-Nicolas, de la Fontaine St-Nicolas. Avec ces indications et d'autres détails qui n'ont pu trouver place dans les chapitres précédents, nous pouvons nous imaginer une rue de Gonesse vers 1650.

Qu'on nous permette ce tableau rétrospectif :

Supposons nous dans la rue du Châtel ; deux hommes sont attablés dans l'auberge de l'Ecu de France, tenue par Maître Robert Barbier. Ces deux hommes causent d'un édit du parlement affiché aux portes des Eglises de St-Pierre et de St-Nicolas, qui « *déclare les habitants de Gonesse et chacun d'eux en particulier exempt du droit de bannalité, et n'estre aucunement sujets d'aller moudre es moullins banniers dudit Gonesse . . . .* » La rue pendant ce temps est encombrée de charettes et de bestiaux, ce sont des boulangers qui se dirigent vers Paris en passant par Ermenonville ou Arnouville, nos deux hommes attablés échangent quelques paroles au passage, avec les rouliers, leur souhaitant bonne journée et bonne vente.

(1) C'est aujourd'hui l'impasse du Châtel ; la pothaerie de MM. Tetard or ago vraisemblablement l'emplacement du castel où naquit Philippe Auguste.

Viennent ensuite Messire Jacques Boisseau, laboureur, c'est le président de la corporation de St-Honoré et le plus riche des bourgeois, Louis Dupuys, maître Chirurgien, juré, l'accompagne. Ils sont tous deux salués avec déférence. Un vicaire de St-Nicolas débouche de la rue des Archers, deux jeunes enfants le précèdent en sonnant des clochettes ; on reconnaît le petit Gehennault et le petit Mouchy qui font partie des enfants de chœur et qui chantent si bien le dimanche le *Domine Salvum*.

Le prêtre, Messire André Bliocq porte le viatique à un moribond ; le bedeau Thomas Grimpré tient par respect un ombrellino au-dessus du St-Sacrement. Tout le monde au passage se met à genoux ; les confrères du St-Sacrement, dont c'est le privilège, suivent derrière un flambeau à la main. Le roi Louis XV rencontrant plus tard ce cortège à Gonesse, descendit de son carosse et reçut la bénédiction après s'être agenouillé ; puis il suivit la procession, entra dans la demeure du malade et lui fit une généreuse offrande.

Signalons encore deux autres traditions sur Gonesse : avant d'arriver à cette auberge de l'écu de France, dans la rue du Vignois, s'élevait en face d'Orgemont une belle propriété qui appartient aujourd'hui à la famille Poiret. La reine Blanche de Castille, y séjourna. On y voyait au siècle dernier deux grosses bornes à l'entrée du portail. La mère de St-Louis y posait le pied pour monter sa haquenée, tandis qu'un page tenait la bride. C'est là aussi que séjourna Henri IV pendant quelque temps, avec la belle Gabrielle d'Estrées.

A l'aide de ces traditions on pourrait bâtir de véritables romans. Toutefois le petit tableau que nous faisons de Gonesse, vers 1050, n'est pas si fantaisiste qu'on pourrait le croire, chaque

6

détail en est tiré, de ci, de là, dans les usages paroissiaux que les archives nous ont si fidèlement transmis. Nous pourrions raconter aussi d'après les mêmes documents, ces belles processions du vœu de Louis XIII, par exemple, qui réunissaient les deux paroisses pour se rendre aux différents reposoirs établis un peu partout aux quatre coins de la ville, les bannières des corporations flottant au vent, et par derrière, les diverses confréries de St-Blaise, St-Fiacre, St-Eloy, St-Honoré. Dans ces temps de foi et de piété les fêtes nationales étaient des fêtes religieuses, et toutes les fêtes religieuses étaient des fêtes nationales.

Puisque nous avons évoqué le souvenir de St-Blaise, nous devons mentionner la découverte de ses reliques renfermées dans une petite boîte de bois que l'on trouva dans le grand autel de l'Eglise de l'Hôtel-Dieu, lorsqu'en 1626 il fut changé de place et mis en une plus belle décoration. Ces reliques sont conservées et exposées dans un reliquaire qui représente le buste de St-Blaise; on peut le voir aujourd'hui derrière le maître autel de St-Pierre. Au certificat d'authenticité de la relique susdite, se trouve jointe une feuille de parchemin dans laquelle il est encore question de la propriété d'Orgemont.

Voici ce document :

Clauses et conditions auxquelles il est permis au sieur Forest de faire célébrer le St-Sacrifice de la messe, en sa chapelle depuis peu rétablie en la basse cour de la ferme qu'il possède dans la paroisse St-Pierre de Gonnesse.

Pour servir de mémoire à la postérité

Hardouin de Péréfixe par la grâce de Dieu et du St-Siège apostolique archevêque de Paris. A tous ceux que ces présentes lettres verront, Salut en N.-S. Veu la requeste à Nous presentée par le sieur Forest, Seigneur des fiefs d'Orgemont et du grand Chastillon-les-Gonnesse, conseiller maistre d'hôtel et premier valet de chambre du roy, tendant à ce qu'il nous pleust pour les causes y contenues, luy permettre de faire célébrer la sainte messe dans une chapelle seize dans la basse cour de sa maison dudit Gonnesse : notre ordonnance du 1er janvier dernier (1670) estant au bas d'icelle requeste par laquelle nous avions commis le sieur curé de Goussainville pour visiter les lieux, le curé de St-Pierre préalablement appelé, procès-verbal de visite et rapport dudit curé de Goussainville.

. . . . Nous, archevesque de Paris susdit, ayant égard à la requeste du suppliant luy avons permis et permettons par ces présentes de faire dire et célébrer la sainte messe dans ladite chapelle par un prestre de la paroisse, excepté les jours des festes de Pasques, l'Ascension, Pentecoste, Trinité etc. . . . . pendant la grand' messe de paroisse le prosne et le sermon : à laquelle messe pourront assister le sieur Forest, la dame sa femme et leurs enfants et les domestiques qui sont nécessaires pour leur service : comme aussy le fermier et la fermière et leurs serviteurs à la réserve toutefois des festes et dimanches ausquels jours ils iront à leur paroisse pour assister au service divin et instructions ordinaires de laquelle obligation nous ne pretendons en aucune manière les dispenser. A la charge néanmoins que ledit sieur Forest ne pourra faire mettre aucune cloche ni clochette à la dite chapelle ni aux environs. A condition aussi que l'on ne fera point l'eau benite ni le pain benit dans cette chapelle et que l'on n'y administrera que le St-Sacrement d'Eucharistie au sieur Forest et à sa famille . . . . Donné à Paris sous le sceau de nos armes . . . . (22 may 1670).

Nous voyons, par cette lettre de l'Archevêque de Paris, que de tout temps l'esprit de la Ste Eglise a été que les fidèles restassent toujours attachés à leur paroisse, sous la direction du curé ; et que ce n'est que par une faveur insigne qu'elle a parfois permis des chapelles privées, mais avec des conditions qui les assujettissent toujours à la paroisse (1). Nous voyons aussi que la famille d'Orgemont n'habite plus le fief qui garde encore son nom. En 1417, en effet, un Nicolas d'Orgemont impliqué dans une conspiration, fut dépouillé de ses biens, et Charles VI disposa des héritages et des rentes qui avaient été confisqués sur lui à Gonesse et à Roissy. Ces biens sont ainsi désignés dans les lettres de Charles VI :

« *Un grand hostel assis en la ville de Gonnesse au lieu dit le Vinoix* (2)*, un jardin, un pressouer, une granche, un clos de vigne fermé à murs, et un colombier mouvant de terre tenant d'une part à Michel de Lallier et d'autre part à maistre Symon Allegrin, auquel hostel appartiennent environ huit ins et un arpent de terres labourables, c'est assavoir au terroir de Gonnesse sept vins arpents et au terroir de Roissy vins et un arpents etc.* . . . . . »

Comme la paroisse St-Nicolas, St-Pierre possédait des confréries, nous devons aussi en dire un mot, puisque c'est surtout le côté paroissial que nous envisageons de préférence dans cette histoire de Gonesse.

« En 1652 le 1er dimanche de juillet fut érigée la confrérie du
« T. S. Sacrement par Messire Elie Dufresne de Mincé, curé de
« St-Pierre et du temps de noble homme Nicolas Delamarre,
« conseiller du roi, procureur et garde de la prévosté et chatellenie
« royale de Gonesse pour contribuer à la dévotion des habitants de
« la paroisse envers ce très auguste Sacrement. Et afin que ceste

(1) Voy. Statuts du diocèse titre II chap. V.
(2) rue du Vinoix, aujourd'hui le commencement de la rue de Paris.

« .dévote confrairie se puisse maintenir et accroistre, le sieur curé
« a dicté les ordres d'icelle ainsy qu'il en suit :

« 1° Toutes personnes de l'un et de l'autre sexe qui auront
« dévotion et volonté de se faire enroller dans la dicte confrairie
« seront bien reçus, donnant chacun de leur dévotion.

« Item, tous les premiers dimanches des mois de l'année, conti-
« nuellement à perpétuité sera célébrée la première messe solen-
« nelle du St-Sacrement pendant laquelle sera exposé ledit St-
« Sacrement, et le soir après les vespres sera dict et chanté un
« salut avec procession dans laquelle le St-Sacrement sera porté
« solennellement autour de l'Eglise de la paroisse où les confrères
« et sœurs seront soigneux d'assister avec dévotion portant chacun
« un cierge blanc allumé, dans la main . . . . Item, il
« sera fait un petit dais qui sera porté à deux au-dessus du St-
« Sacrement tant aux processions comme aux malades. Item, quand
« on portera le St-Sacrement aux malades, principalement aux
« personnes enrollés dans ladite confrairie, on tintera la grosse
« cloche 6 coups ny plus ny moins, pour signal assuré, afin que les
« confrères se trouvent pour accompagner le St-Sacrement avec
« leur cierge en main . . . . »

Parmi les membres de la confrérie nous relevons les noms de
Michel Mennessier, boulanger; *Jean Petit*, hostellier; *Georges Bornet*,
médecin ; *Gabriel Petit*, chirurgien ; *Marie Gouffé*, sa femme;
Louis Terrier, valet garde-robe de Monsieur le duc d'Orléans ;
Justin Devouges, drapier ; *Marc Loriné* ; *Claudine Larue* ; *Louis
Gouffé* et *Marguerite Boisseau* sa femme; *Laurent Gouffé*, laboureur;
et *Marguerite Pelé* sa femme, etc., etc. Nous désirerions rapporter
tout au long, les volontés dernières du fondateur de cette confrérie,
M. de Mincé ; mais nous craignons que le lecteur ne trouve pas
le même intérêt que nous avons pris, à l'exposé de ses dispositions.
Cependant nous devons dire, pour que notre histoire paroissiale soit
complète, que M. de Mincé par son testament du 20 mars 1643 passé
par devant Me Duhamel, notaire à Gonesse, donna sa maison à la
fabrique pour y loger à perpétuité le curé et les prêtres de St-Pierre.
Ce qui exista jusqu'à la Révolution. A cette époque, le curé fut

chassé du Presbytère comme nous le verrons, et les locaux furent occupés par la mairie et les différents services municipaux. Un arrêté préfectoral du 9 mai 1809 rétablit la fabrique en possession et jouissance de son presbytère, seulement par un accord approuvé par l'administration, le curé seul y fut logé, moyennant une indemnité de logement de 500 fr. pour le vicaire, et 200 fr. à l'Eglise pour location de la place du marché qui lui appartenait. Cette convention fut exécutée jusqu'en 1832. A cette époque, une ordonnance royale du 9 mars, à la demande de la fabrique et du consentement de la municipalité en fonction, rendit l'immeuble de M. Dufresne de Mincé propriété indivise de la fabrique et de la commune à la charge de remplir les clauses de la donation primitive et de faire toutes les réparations mêmes locatives. La dite convention a été exactement exécutée jusqu'en 1882, époque où l'on supprima les 500 fr. alloués jusque-là au vicaire pour son logement. Depuis lors, la fabrique a toujours protesté, ainsi que les curés, contre l'inexécution du contrat.

A la même époque où le curé de St-Pierre faisait à sa paroisse cette donation si généreuse, l'Eglise s'enrichissait d'ornements, qui font aujourd'hui encore l'admiration des connaisseurs. Nous voulons parler de ces belles chapes, principal trésor de l'Eglise, et dont la donation est attribuée à Louis XIV, mais à tort; les livres de compte en effet, attestent qu'en 1668, marché fut passé par devant notaire entre la fabrique et maître Colombier brodeur ordinaire du roi pour la confection d'ornements rouges. Et comme la somme était forte, elle fut payée en plusieurs fois, l'ornement complet ne fut même entièrement fini et payé que douze ans après, en 1680. Il se composait de trois chapes, une chasuble, dalmatiques, devant d'autel, crédences et rideaux. Cette même année

1680, les notables de la paroisse pour la plupart anciens marguilliers, parmi lesquels Michel Mennessier, Nicolas Lemoyne, Laurent Gouffé, Louis Lierre, Louis Meusnier, Justin Devoulges, Louis Ferry, Jacques et Antoine Gouffé, Gabriel Petit etc. et Messire Jean Domont curé, firent faire également un ornement blanc et noir.

L'ornement noir n'existe plus; quant à l'ornement blanc, il fut acheté chez M. Titon maître brodeur à Paris; cet ornement était complet, brodé en or avec orfrois d'or et médaillons soie et or pour être sortable avec le bel ornement rouge cramoisi. On le voyait encore en 1834 mais dans un tel état de vétusté qu'il n'était plus possible de s'en servir, et il n'en reste rien aujourd'hui.

Pour l'ornement rouge, il nous reste presque complet. Il consiste en une chasuble de velours ponceau, médaillon représentant le Christ bénissant le monde et tenant en sa main, le globe. Le nimbe ainsi que le fond sont en couchure d'or (¹). Les ornements qui entourent le médaillon consistent en fleurs rayons, flammes; ces motifs sont brodés en guipure sur ficelle. Une autre chasuble plus belle et plus chargée d'ornements représente le crucifiement de St-Pierre. Puis, deux dalmatiques non historiées, décorées d'arabesques, fonds velours rouge.

Quatre chapes : 1º Jésus lave les pieds de ses apôtres, broderie au point lancé. Sur cette chape il y avait des fleurs de lis, enlevées à la Révolution; les fleurs sont restées gravées et leur impression produit bon effet.

Nous trouvons à la date du 27 septembre 1793 (²) la délibération suivante :

(1) La couchure consiste à fixer les fils d'or ou d'argent sur l'étoffe, au moyen de petits points très rapprochés.

(2) Archives municipales.

« L'an II de la R. F. une et indivisible. Le conseil convoqué et réuni, présidé par le citoyen Columbot, il a été dit par un membre, qu'il s'agissait de délibérer sur l'emploi qu'il y avait à faire d'une assez grande quantité de fleurs de lis brodées en or, et autres attributs cy-devant royaux ou féodaux qui étaient attachés aux ornements du culte . . . . Le conseil arrête: 1° que tous ces objets seront pesés; 2° qu'ils seront remis aux citoyens commissaires qui doivent se rendre à la convention Nationale en vertu de l'arrêté du 25 de ce mois, pris par les corps constitués, réunis avec la société populaire; 3° qu'en ajoutant à leur mission ils sont chargés au nom de la commune de Gonesse, de déposer à la Convention en offrande nationale, les objets ci-dessus et de l'assurer des sentiments républicains des citoyens de cette commune et de leur attachement inviolable à la liberté et l'égalité. Procédant à la pesée, les fleurs de lis avec leur fils, toile etc. pèsent 48 marcs 4 gros. »

Seconde chape : Vocation de St-Pierre, l'apôtre est dans une barque, il jette ses filets, le sujet est encadré dans un beau cartouche. Le manteau est uni. Le même sujet est traité en tapisserie à la cathédrale de Beauvais.

Troisième chape : Pouvoir des clés. Le même motif est représenté à la cathédrale de Beauvais d'après un carton de Raphaël. Ici le sujet est plus sommaire.

Quatrième chape : St-Paul terrassé sur le chemin de Damas. Le manteau est aussi uni comme sur la chape précédente (1).

En 1787 on renouvela les velours, les galons qui étaient usés et on appliqua toutes les broderies de nouveau sur du neuf, c'est l'ornement actuel sauvé de la révolution.

Un autre ornement rouge provenant de l'Eglise St-Nicolas et remontant aussi à l'époque de Louis XIV, est mentionné en 1834, mais il a disparu. Les réparations de 1787 montèrent à la somme de 810 francs.

(1) Nous devons cette étude sur les chapes de Gonesse, à M. l'abbé Marsaux, curé doyen de Chambly (Oise).

Il avait été convenu que M⁰ Colombier livrerait sa commande au bout de six mois, « *sy ce n'est que le roy luy oste ses ouvriers, ou qu'il tombe dangereusement malade* ». Le prix de cet ornement or de Milan et argent de Paris, fut :

Les broderies des orfrois	de 1900 fr.
Les croix brodées sur les étoles et manipules de	38 fr.
Les 1243 fleurs de lys en or, à 17 sols la pièce	1056 fr. 55
34 aunes 3/4 de velours cramoisi, à 20 fr. l'aune	695 fr.
Galons, franges, dentelles en or	252 fr. 75
Doublure, serge et taffetas	107 fr.
Voile pour le pupitre, velours, galons or	58 fr.
Devant d'autel	450 fr.
Total de tout l'ornement	4557 fr. 30

Cette estimation en a été faite par un de nos anciens curés. Bien que cet ornement fut de grande valeur pour l'époque, il n'est pas étonnant que les ressources de la paroisse aient permis de se le procurer. Gonesse est à l'apogée de sa gloire, le commerce du blé est en pleine prospérité, et Louis XIV même, dans un arrêt du 10 Juin 1677, dit que les habitants de Gonesse font " *le pain de la provision de nostre bonne ville de Paris* ". Le marché produit au roi au moins dix mille livres par an. On y vend beurre, fromage, vannerie, pain d'épice, poterie et cordonnerie; par chaque jour de marché, il s'y trouve plus de deux mille setiers de blés. Quant au vieux marché, il est dit dans le document où nous puisons ces détails, *que de mémoire d'homme on n'y a jamais rien veu vendre, si on y a tenu le marché autrefois ce n'a pas esté sans de grandes incommodités, parce que c'est une place fort enfoncée du bout de Gonnesse, le plus mal situé, où la fange et la boue ne sechent point plus de six mois de l'année, et où les charrettes* chargées, ne sçauroient aborder : et s'il y a eu là autrefois un marché, ce peut estre la raison pourquoy il a esté abandonné.

Les marguilliers de St-Pierre avaient pris soin de faire aplanir et paver leur place du marché, ce qui leur coûta plus de 4000 livres, ils donnaient ordre aussi de faire balayer leur place à l'issue de chaque marché ; en un mot, ils contribuaient autant qu'il leur était possible à la commodité publique des marchands de blé, de petits légumes et autres denrées ou marchandises dont ils retiraient quelques petits droits qui pouvaient bien monter à 7 ou 800 livres et qu'ils employaient aux besoins de l'Eglise et des pauvres. Ces ressources expliquent quelques changements qui furent faits dans l'Eglise. En 1673, on déplaça le maître autel qui était à l'entrée du sanctuaire pour le reculer proche le fond de la rotonde ; on redora le rétable du grand autel ainsi que les colonnes cannelées, les corniches et les chapiteaux qui le décoraient. On changea le positif du grand orgue en 1680, il fut placé sur le devant de l'orgue comme on le voit aujourd'hui, il était primitivement renfermé dans le buffet et les sons n'étaient entendus que confusément du chœur. L'organiste, un sieur Duflot, ne pouvait jouer de l'instrument depuis plus de huit ans. Nous n'avons pas trouvé le compte de toutes ces réparations. Ici nous pouvons clore l'histoire du XVIIe siècle. Le XVIIIe s'ouvre par un état des messes hautes et basses qui se disaient à l'Eglise St-Pierre ; nous ne les mentionnerons pas. Lisons cependant qu'on devait dire 247 grand'messes et 248 messes basses de fondation. Plus la messe de paroisse, laquelle se disait tous les jours de l'année, à 7 heures en été et 8 heures en hiver, à laquelle assistaient les escolliers avant que d'entrer à l'escole et aussy plusieurs habitants. Les marguilliers faisaient dire aussi une messe par semaine pour les trépassés. La confrérie du St-Sacrement en faisait dire 14 par an, celle de Ste-Anne 52, ainsi que celle de St-Nicolas, de St-Honoré et des dames de la charité. Ce qui prouve que toutes ces confréries n'existaient pas seulement qu'à St-Nicolas, et que les paroissiens de St-Pierre rivalisaient, avec les confrères de l'autre paroisse, de zèle et de piété. Le total de toutes les messes était de 1803, et il n'y avait alors que 4 prêtres pour la paroisse; le curé, deux vicaires et un chapelain. Ce qui fait que Messire Charles Carsillier, curé depuis 1707, se plaint de manquer de prêtres, et dit que c'est pour ce motif que plusieurs paroissiens n'ont pu faire leur devoir pascal. Ceci nous montre bien l'esprit religieux de Gonesse à cette époque; l'observance de la communion pascale était donc générale, l'Eglise était fréquentée, les dimanches et les fêtes chômées. Les enfants de l'école connaissaient donc bien le chemin de l'Eglise, ils étaient de bonne heure familiarisés avec les chants liturgiques. Nous avons vu dans une maison de Gonesse (¹) une image représentant St-Michel terrassant le démon, et qui est une récompense accordée au jeune Etienne Chevrolat, pour avoir chanté dans l'Eglise de St-Nicolas le 22 décembre 1783, l'antienne *O rex gentium*. Le petit bonhomme n'était âgé, est-il dit sur la gravure, que de trois ans 1/2! Enfin le vicaire général de Paris vint en 1723, visiter les écoles et les paroisses, et, d'après son rapport, nous constatons que leur état est satisfaisant. L'archevêque de Paris se plaint toutefois des peintures faites à la voûte de la nef et qui sont peu convenables, il ordonne de les effacer. Il veut qu'une messe soit dite à 5 heures du matin pour les ouvriers boulangers qui vont à Paris etc., etc., etc. C'est à peu près à cette date que nous trouvons mentionné l'usage de porter l'eau bénite chaque dimanche dans les maisons. Nous ren-

(1) Chez M. Liénart.

controns aussi vers le milieu de ce XVIII° siècle quelques noms connus, entre autres un *Claude François Destorel*, marchand drapier, *Étienne Regnault*, boulanger, *Noël Commelin*, suisse de l'Eglise, *Jacques Boisseau*, laboureur, *Nicolas Normand, Nicolas Destors* boulangers et marguilliers, ainsi que *Denis Rousseau et Pierre Foulon*, vitriers et marguilliers également, *Langlois, Meunier, Duchauffour, Fontaine* etc.

L'année 1730 vit aussi un grand changement dans l'Eglise, les piliers du chœur soutenant le clocher étaient trop faibles et menaçaient ruine. Pour les réparer et les consolider, on s'adressa d'après les usages au S* Dagout, prieur de Deuil, gros décimateur, ainsi qu'aux administrateurs des hôtels Dieu de Paris et de Gonesse. Après bien des contestations en justice où l'on avait déjà dépensé de grosses sommes sans avancer à rien, on résolut d'après l'avis du Conseil des avocats du Roi, de terminer l'affaire à l'amiable. Les administrateurs des hospices et le prieur de Deuil fournirent 7,500 fr. et la fabrique de Gonesse 2,500 fr. On consolida alors le clocher avec les lourds piliers massifs que nous voyons aujourd'hui.

Vingt ans plus tard en 1750, Louis XV fit demander à la fabrique la place du Marché dont l'Eglise jouissait depuis plus de trois siècles, elle lui fut accordée moyennant une rente foncière, perpétuelle, exempte de toute imposition, destinée au payement de deux prêtres.

Cette rente fut perçue jusqu'en 1792. Mentionnons encore en 1765, le dallage de toute l'Eglise et la construction d'un maître-autel tabernacle, gradins et des marches, le tout en marbre. C'est aujourd'hui l'autel de la Ste-Vierge. L'année suivante on paya au fondeur 250 livres pour les bronzes dorés qui ornent le tabernacle

En 1768, le rétablissement du beffroi du clocher coûta 316 livres. Le badigeonnage de l'Eglise coûta encore 400 livres (en 1772) et la construction de la sacristie 1,987 livres (1783).

Lorsqu'on acclamait le roi au son des cloches à son passage à Gonesse en 1771 et 1773, et qu'on faisait tant de dépenses pour la splendeur du culte, on était loin de prévoir le bouleversement qui arriva quelques années après. Le 31 mai 1774, un service solennel fut célébré à St-Pierre pour Louis XV défunt et les livres de comptes mentionnent encore quelques dépenses importantes à la charge de la fabrique, ce sont les réparations des clochetons (1781), réparations aux ornements blancs et rouges, les grilles du chœur faites par le serrurier Millet, l'achat d'un habit complet de suisse (1787).

L'année 1783, où l'archevêque de Paris vint en personne faire sa visite pastorale, fut marquée par un événement considérable dans les annales Gonessiennes ; nous voulons parler de la chute du ballon « le Globe » du professeur Charles. Parti de Paris le lundi 23 août, à 5 heures du soir, le ballon échoua le jour même sur le terroir de Gonesse dans un champ nommé la « Remise d'Ecouen ».

L'émoi fut grand parmi les habitants qui n'avaient jamais vu chose pareille ; une gravure du temps nous les représente armés de fourches et de pierres courant sus à ce monstre inconnu. Le journal de Paris du 29 août 1783 s'exprime ainsi : *Le ballon de Charles, après avoir voyagé trois quarts d'heure dans les airs, est tombé à Gonesse* » Faujas de Saint-Fond, le mieux informé des chroniqueurs de ce temps, écrit au lendemain de l'événement : « *La chute a eu lieu à 5 heures 3/4 à côté de la Remise d'Ecouen. Le Globe fut ramassé par des paysans de Gonesse qui le traînèrent à travers champs pendant un mille et le mirent dans le plus mauvais* étai. » Dans « *l'Allarme des habitants de Gonesse*», feuille éphémère qui parut pour la circonstance, il est dit que les habitants accoururent en foule et deux moines leur ayant assuré que c'était la peau d'un animal monstrueux, ils l'assaillirent à coup de pierres, de fourches et de fléaux.

Le « *journal de Paris* » défendit les Gonessiens du reproche d'ignorance et de barbarie dont on les gratifiait partout « On « conçoit, dit-il, que l'apparition d'une pareille machine était faite « pour alarmer, et à plus forte raison les habitants de la campagne. « Un homme instruit, même sçavant, voyant un globe de douze pieds « de diamètre, se mouvoir par sauts et par bonds aurait sûrement « hésité à l'aborder » Toujours est-il que l'on se moqua des Gonessiens, on fit des chansons à ce sujet; en France tout finit par des chansons. Qu'on nous permette d'en citer une, au moins en partie:

I

L'empereur de la Chine
Attendait l'autre soir
La burlesque machine
Qu'enfin il n'a pu voir

Eh ! mais, oui-dà
Peut-on trouver du mal à ça ?

II

Par trop grande vitesse
Dans une heure de temps
Elle fut dans Gonesse
Étonner les savants.   Eh ! mais. . . .

III

Les curés de village
Sauront par le journal
Qu'un globe qui voyage
N'est pas un animal . . . . Eh! mais . . . , etc.

Une autre chanson non moins grotesque, vise encore l'aventure de Gonesse, elle met dans la bouche du curé ces paroles rassurantes :

> C'est une expérience
> Qu'on fait, leur dit-il, dans la France
> Pour avec assurance
> Voyager dans les airs.   etc. . . . . .

Ces chansons firent la joie des Parisiens, dans les faubourgs et la banlieue. Le Physicien Charles vint le lendemain chercher son ballon dont il ne retrouva plus que des débris. Il faut lire tout au long le récit humoristique que M. Seré-Depoin a consacré à l'aventure du ballon pour se rendre compte de l'émoi que son apparition produisit dans notre petite ville. Il ne faut pas, du reste, trouver trop extraordinaire la stupéfaction des bons paysans, car lors du transport, au champs de Mars, du ballon et des accessoires, les Parisiens se montrèrent bien un peu *provinciaux*. Rien de si singulier, raconte Faujas de Saint-Fond, que de voir ce ballon ainsi porté sur une charette, précédé de torches allumées, entouré d'un cortège et escorté par un détachement du Guet, à pied et à cheval. Cette marche nocturne, la forme et la capacité du corps qu'on portait avec tant de peine et de précautions, le silence qui régnait, l'heure indue, tout tendait à répandre sur cette opération une singularité et un mystère fait pour imposer à tous ceux qui n'auraient pas été prévenus. Aussi les cochers de fiacre qui se trouvèrent sur la route en furent si frappés, que leur premier mouvement fut d'arrêter leur voiture et de se prosterner humblement, chapeau bas, pendant tout le temps qu'on défilait devant eux !

Le « globe » avait 12 pieds 2 pouces de diamètre, la circonférence était de 38 pieds 3 pouces 5 lignes. Les nombreux dessins, éventails, estampes de l'époque, représentent des paysans armés de fourches, de fléaux, de faulx; le curé vient faire l'exorcisme du monstre. Tout cela prouve que les Parisiens ont aimé, de tout temps, la charge et la caricature.

A cette époque, où les Gonessiens étaient ainsi bouleversés par cet évènement, nous avons quelques données sur la situation administrative du pays. Gonesse, en 1783, est le siège du bailliage du comté d'Arnouville, et relève du diocèse, du Parlement, de la Généralité et de l'Élection de Paris. Dans un rapport du subdélégué de l'intendant de l'île de France, il est dit que la ville compte 320 feux (plus de 1000 habitants d'après l'estimation ordinaire du mot feu); cependant, 7 ans plus tard, il est donné le nombre de 2270 habitants. Il faut donc croire que pendant cette période de temps la population a doublé. On énumère aussi à Gonesse 152 chevaux, 238 vaches, 3600 bêtes à laine, 2 moulins, 69 maisons en propre, 250 maisons à loyer; on compte encore 215 laboureurs, 49 commerçants, 18 artisans, 283 journaliers et 100 indigents. Un rapport dudit subdélégué pour l'année 1784, constate que Gonesse payait 17 380 livres pour la taille en principal, et 20 312 livres pour les accessoires et la capitation. Écouen n'était taxé qu'à 5 500 livres pour la taille en principal, et Luzarches à 5 700 livres. On voit de suite l'importance de Gonesse, par rapport aux deux bourgs principaux du voisinage. On vivait alors sous le régime seigneurial. La maxime féodale: « *Nulle terre sans seigneur* » et sa conséquence naturelle: « *Tout seigneur justicier de sa terre* » constituaient l'organisation primordiale du royaume. Gonesse conformément à ces lois séculaires, jouissait à l'époque où nous nous trouvons, d'une justice et d'une administration seigneuriales. C'est à Ermenonville ou Arnouville, village voisin, qu'était établi le château du Seigneur et que résidait : « *Très haut et très puissant*

Seigneur, Jean-Baptiste de Machault, comte d'Arnouville, Seigneur d'Arnouville, Gonesse et autres lieux, commandeur des ordres du roi, garde des sceaux de France et ministre d'État. » M. de Machault âgé de 82 ans en 1783, résidait tantôt à son château d'Arnouville, tantôt en son hôtel de la rue du Grand Chantier, à Paris. C'était un homme intègre, libéral et éclairé; un grand seigneur dans toute l'ampleur du mot, exerçant noblement ses prérogatives seigneuriales. Ses vassaux lui témoignaient en toute occasion, affection, dévouement et respect. Les mêmes qualités bienveillantes se rencontraient chez le propriétaire du moulin d'Étif, le marquis Boulanger; en décembre 1792, Siméon Mathieu, régisseur de ce dernier voulut payer le fermage à son maître. Mais comme il avait émigré sans donner d'adresse à son fidèle serviteur, celui-ci vint au district faire sa déclaration et recevoir décharge de son dû. Quant au comte de Machault, il était exilé de la cour depuis 1757 et vivait dans la retraite la plus profonde. En septembre 1792, il consentit, sans doute forcé par les circonstances, qu'un local qui lui appartenait sur la place du marché, servit de corps de garde aux volontaires de Lot-et-Garonne, de passage à Gonesse. Deux ans après, il était arrêté, enfermé comme suspect, aux Madelonnettes, et il mourut dans cette prison, âgé de 93 ans.

Ce fut le dernier seigneur de Gonesse. Pour anéantir tout ce qui pouvait rester de l'ancien régime et de la féodalité, on changea les armoiries de la ville. Au XIIIe siècle, dans un acte de la prévôté où sont nommés quatre écuyers, ce qui prouve qu'il y avait au moyen âge plusieurs maisons seigneuriales à Gonesse, on y voit représenté sur le sceau, une botte d'épis. Plus tard, probablement à cause de la naissance de Philippe Auguste, Gonesse avait l'honneur de porter sur ses armes, la fleur de lis. Pendant la Révolution on remplaça la fleur de lis par trois têtes de corbeaux. On peut voir ce dernier blason sur un vitrail de l'Église (1). Est-ce bien le blason de la ville ? Nous n'osons l'affirmer.

Nous finirons dignement maintenant ce chapitre V, par la relation d'un fait miraculeux opéré devant le portail de l'Église, le 30 Juin 1785, par l'intercession de St-Pierre. Voici la copie textuelle d'une lettre adressée par Monsieur le curé de Gonesse, le 9 Juillet de la même année, à Mgr l'archevêque de Paris;

MONSEIGNEUR,

Le Seigneur vient de nous visiter dans sa miséricorde, et St-Pierre, notre patron, a fait sentir à Gonesse le pouvoir qu'il lui a donné au Ciel et sur la Terre. Geneviève Nicole Ballard, âgée de 16 ans, boiteuse dès le berceau et paralytique d'une jambe depuis 3 ans, au point de ne pouvoir marcher sans deux béquilles, vient d'être guérie subitement par l'intercession de St-Pierre. Cette fille est celle que vous distinguâtes dans le cimetière parmi la multitude, le jour de votre visite, à laquelle vous eûtes la bonté de compatir, et dont je vous rendis un bon témoignage, mais en vous ajoutant qu'elle n'était point pauvre, ses père et mère vivant de leur travail et payant son apprentissage chez une maîtresse couturière qui était fort contente d'elle. Élevée à l'école de l'infirmité elle a toujours vécu dans un grand éloignement des plaisirs et des joies du monde, écueils ordinaires de l'innocence. Tant qu'elle n'a été que boiteuse, elle ne s'est jamais plainte au Seigneur de ce défaut, mais depuis 3 ans qu'elle est paralytique, elle n'a cessé d'importuner le Ciel par ses prières et de demander à Dieu la grâce non de ne plus boiter, mais de marcher sans béquilles. Et même depuis sa guérison de la paralysie, plusieurs médecins qui l'ont vue, lui ont indiqué le moyen de boiter moins sensiblement; elle les a remercié tous en disant: je suis contente de la grâce que Dieu m'a faite, je suis actuellement en état de gagner ma vie en travaillant, je n'en demande pas davantage au Seigneur, et je consens de mourir com-

(1) Les armoiries actuelles sont : De gueules, à une tour d'argent couverte en loupe, maçonnée et ouverte de sable, accostée à dextre d'une gerbe de blé d'or, et à senestre d'un gond enlacé d'un S aussi d'or. Au chef d'azur semé de fleurs de lys d'or, surmontée d'une couronne royale

me Dieu m'a fait naître. Pour obtenir cette grâce, elle s'était
vouée à tous les saints, elle avait fait et fait faire des neuvaines
sans succès à N. D. de Liesse, à St-Leu, à St-Prix et au vénérable
B. Labre dont je lui avais fait lire la vie et la relation de ses
miracles, lorsque sa maîtresse lui dit la veille de St-Pierre: si je
n'étais que toi, je ferais une neuvaine à St-Pierre, et si tu veux la
faire, quoique ton temps soit à moi, je te permettrai d'aller tous
les jours à la messe à St-Pierre. A quoi la fille répondit: Ah ! je
n'irai jamais sans béquilles, parceque j'ai une jambe beaucoup
plus courte que l'autre. Sa maîtresse lui répondit: le bon Dieu
a bien ressuscité les morts, il peut bien aussi te faire marcher sans
béquilles; les saints veulent être priés. Eh bien reprit la fille,
je commencerai jeudi 30 juin, la neuvaine. Elle en parla le mercredi 29 à sa mère qui lui dit qu'elle ferait bien. En exécution
de son dessein, elle dit le jeudi matin à sa maîtresse: Madame
Loiseleur voulez-vous que j'aille à la messe aujourd'hui? si cela
vous gêne, je n'irai pas les autres jours, et je me contenterai de
faire ma prière à St-Pierre. A quoi la maîtresse répondit: je te
permets d'aller tous les jours à la messe à St-Pierre. La fille partit
aussitôt avec ses deux béquilles. Avant d'entrer dans l'Eglise,
elle se mit à genoux et fit sa prière devant la statue de St-Pierre
qui est à côté du poteau sur lequel portent les deux battants de
la grande porte de l'Eglise, en disant: Bienheureux Saint-Pierre
faites-moi la grâce d'aller sans béquilles, ensuite elle récita
5 fois l'oraison dominicale et la salutation angélique, après
quoi elle entra dans l'Eglise où elle entendit la grand'messe.
Après la grand'messe, elle reprit ses béquilles et retourna devant la statue de St-Pierre où s'étant mise à genoux elle dit
la même prière qu'avant la messe. Sa prière étant finie, elle
se leva sur le pied gauche, et appuya ensuite sur le pied droit
qui la porta sans peine. Dans sa surprise et dans son émotion
elle oublia ses béquilles qui restèrent aux pieds de St-Pierre, et
rentra dans l'Eglise pour remercier Dieu. Je la rencontrai sur le
seuil de la porte comme je sortais de l'Eglise et je lui dis:
Comment ma fille, vous allez sans béquilles ? et depuis quand
marchez-vous ainsi, je vous ai encore vue dimanche dernier à la
grand'messe avec vos béquilles ? que vous est-il donc arrivé ?
Elle dit m'avoir répondu, mais si bas que je n'ai pu l'entendre:
« Je les ai laissées à St-Pierre » Je continuai mon chemin
comme si elle n'avait rien dit, n'ayant rien entendu. Voilà qu'un
instant après un de mes vicaires m'apporta les deux béquilles en
me disant: « Monsieur le curé, St-Pierre vient de faire un miracle, voilà les deux béquilles que j'ai trouvées à ses pieds et je
vous les apporte. » Je lui dis d'aller me chercher la fille qui
vient avec sa mère et sa maîtresse qui pleuraient de joie. Le
peuple la voyant aller et venir chez moi sans béquilles cria

aussitôt au miracle, entra en foule dans ma maison et à l'Eglise; on se mit à sonner toutes les cloches et à chanter le *Te Deum* sans aucun prêtre, et tous bénissaient à haute voix dans l'Eglise et dans les rues, le Seigneur et St-Pierre.

Le bruit de cette merveille retentit bientôt dans toutes les paroisses voisines, on vint en foule de Thillay, Vaud'herland, Goussainville, Louvres, Arnouville, Bonneuil, Garges, Sarcelles, Roissy, etc., s'informer de cet événement. Il y eut surtout le dimanche suivant 3 juillet, qui était le dimanche dans l'octave de notre saint patron et le premier dimanche du mois, un si grand concours de peuple à Gonesse, que notre vaste Eglise et le cimetière en étaient remplis. La fille guérie communia à la première messe, assista à la procession devant la grand'messe portant un cierge après moi, accompagnée de ses deux frères qui portaient en triomphe les deux béquilles. Elle présenta le pain bénit fit la quête à la messe et à vêpres et assista le soir au salut sans être fatiguée; une douce satisfaction était peinte sur les visages, des larmes de joie coulaient des yeux de la multitude.

Je n'ai pu moi-même contenir les miennes et j'ai eu bien de la peine à commencer, continuer et finir tout l'office tant j'étais attendri et consolé. Le moment le plus sensible pour moi fut celui où je suis monté en chaire pour faire le prône. Je souffrais au-delà de ce que je puis dire de ne pouvoir satisfaire le désir de la multitude qui attendait de moi le récit de cette merveille, attendu que le St-Concile de Trente et les Statuts synodaux dans ce diocèse défendent de publier aucun miracle nouveau avant le jugement de l'évêque. Je me bornai à dire à mon auditoire :

Il serait bien consolant pour moi, Mes Frères, d'épancher aujourd'hui mon cœur devant cet autel pour faire à la gloire de Dieu le récit de la merveille dont le bruit vous rassemble en si grand nombre dans ce saint temple, mais le jugement des grandes merveilles est réservé au grand prêtre, tout pasteur et docteur que je suis, je ne dois être en cette matière que l'écho du premier pasteur et de l'évêque de vos âmes. J'ai eu l'honneur d'en conférer hier avec lui et il m'a enjoint de lui envoyer le détail bien circonstancié de cette affaire. Je vais en attendant son jugement, continuer l'éloge de St-Pierre que j'ai commencé le jour de la fête . . . .

Pendant tout le reste de l'octave, notre église a toujours été visitée, les sacrements plus fréquentés, et je ne doute point que cette merveille ne produise un renouvellement de ferveur dans Gonesse, surtout si elle est approuvée de Votre Grandeur. C'est le vœu de tout le peuple et par conséquent de Dieu, vous ne risquez rien en approuvant cette merveille, ou du moins en nous permettant de chanter un Te Deum en action de grâce. On en dit bien souvent pour des choses moins intéressantes.

Je suis Mgr votre très honoré et très obéissant serviteur

Signé J. JOLLIVET, *curé de Saint-Pierre de Gonesse*

L'archevêque répondit :

J'ai reçu M. avec la lettre que vous m'avez écrite le certificat du médecin qui regarde comme miraculeuse la guérison opérée sur une jeune fille de votre paroisse; je vais examiner ce qu'il conviendra que je fasse; le délai ne peut être préjudiciable, il annonce au contraire qu'on agit avec beaucoup de maturité. Au surplus vous pouvez être tranquille, cette affaire est trop importante pour que je la perde de vue. Je suis etc.

Voici les certificats auxquels il est fait allusion :

Je soussigné docteur régent de la faculté de médecine, membre de la société royale des médecins de Paris et de celle de Copenhague, ayant été à Gonesse le 2 août 1785, pour y visiter la nommée Geneviève Nicole Baffard âgée de 16 ans et que l'on disait avoir été guérie miraculeusement d'une espèce de paralysie le 30 juin dernier, ai découvert ce qui suit par ses réponses et par celles de ses père et mère à mes questions. La malade boiteuse de naissance à cause d'une luxation complète de la cuisse gauche, eut, il y a 4 ans une violente frayeur qui fut suivie, dès la même nuit, de mouvements

convulsifs avec serrement d'estomac auxquels succédèrent le lendemain des accès convulsifs très-violents accompagnés de perte de
connaissance et qu'on eut traité d'épileptiques, s'il s'y fut joint
l'écume et quelques autres symptômes ordinaires à cette maladie.
Les accès furent de la plus grande force et presque continuels pendant trois semaines.

Elle ne put pendant ce temps sortir du lit, et dès qu'elle fut
en état de se lever, elle éprouvait de grandes douleurs dans la
cuisse et dans la jambe droite, elles ne l'empêchèrent pas cependant
d'aller et de venir pendant 9 mois. Les accès convulsifs se renou-
velaient de temps en temps, à la fin ils s'éloignèrent et ne sont pas
revenus depuis 18 mois, vers le temps de la puberté, temps où il
arrive que l'épilepsie se guérit quelquefois naturellement. Mais au
bout des 9 premiers mois à la suite des premiers accès de douleur
de la jambe allant toujours en augmentant, les contractions convul-
sives se fixèrent sur ce membre, la cuisse se plia avec raideur sur
la jambe, la jambe sur le pied, de manière que la malade ne pouvait
plus reposer que sur l'extrémité des doigts de cette jambe.

Elle fut alors obligée de recourir aux béquilles et comme la
cuisse gauche déboîtée de sa cavité osseuse ne portait pas sur un
point fixe, elle ne pouvait seule supporter le poids du corps et suffire
à ses divers mouvements, ce qui obligeait la malade à avoir deux
béquilles. Elle resta dans cet état pendant trois ans sans faire de
remèdes et n'éprouvait aucune diminution de son espèce de paralysie : il est même arrivé que la veille de sa guérison, ayant
essayé de se soutenir sur une seule béquille, elle ne put en venir à
bout et se trouva forcée de laisser tomber ce qu'elle tenait entre
les mains pour prendre sa seconde béquille. Ce fut alors que s'étant
adressé à Dieu par l'intercession de St-Pierre, elle éprouva tout à
coup la même puissance qui avait dit au paralytique : « Levez-vous
et marchez ! » Tels sont les faits que j'ai recueillis. Ayant été
ensuite requis, par Monsieur le curé de St-Pierre de Gonesse de lui
laisser par écrit mon sentiment et mon certificat sur cet événement,
je vais le faire en toute sincérité. Après avoir réfléchi sur toutes les
circonstances qui ont précédé et accompagné cette guérison, avoir
reconnu qu'on ne pouvait l'attribuer aux révolutions du sexe qui
ont toujours suivi la marche de la nature, ni à l'effet des remèdes
puisque la malade n'en a fait aucun pendant les trois dernières
années, ni à quelque crise inattendue, puisqu'il ne s'en est fait
aucune, ni à une diminution graduée des accidents, puisqu'ils ont
persévéré pendant trois ans, ils étaient la veille dans la même

intensité. Après avoir appris par les preuves les plus authentiques et que la plus saine critique ne saurait rejeter, que c'était dans l'instant même de la prière, faite exprès au sein de plusieurs personnes pour obtenir sa guérison, que cette jeune fille comme de tout temps pour sa candeur et sa vertu, née de parents aisés, avait aussitôt recouvré l'usage de sa jambe malade et que cet effet subsistait depuis deux mois avec continuité et sans aucune variation, il est de mon devoir de rendre gloire à Dieu et de l'honorer dans ses merveilles. Je déclare donc qu'une telle guérison accompagnée de telles circonstances ne peut être l'effet des secours de l'art, ni des ressources de la nature, et qu'à Dieu seul en appartient l'honneur et la gloire.

En foi de quoi j'ai délivré le présent certificat pour servir ce que de besoin.

Fait à Gonesse ce 21 Août 1785.

Signé : SAILLANT.

Ainsi parle le médecin. Voici maintenant le certificat du chirurgien qui porte un nom bien connu à Gonesse encore aujourd'hui.

Je soussigné maître en chirurgie demeurant à Gonesse, certifie qu'ayant été appelé le 28 juin 1782, chez le nommé Baffard, jardinier, pour voir Geneviève Baffard sa fille, au lieu et place de son chirurgien ordinaire qui était absent, je la trouvai dans des mouvements convulsifs des extrémités tant supérieures qu'inférieures, que l'on me dit provenir d'une peur qui venait de lui être faite par un particulier ; mais il faut remarquer que dès sa tendre jeunesse, elle boitait, ayant la jambe droite plus courte que l'autre de 4 pouces environ, depuis cette peur, elle tombait en convulsion 3 ou 4 fois par jour, ensuite tous les 8 jours, et tous les mois jusqu'à ce que la paralysie se soit fixée sur la jambe droite, elle a été réduite à ne pouvoir marcher sans béquilles et avec peine jusqu'au 30 juin 1785 qu'elle s'est trouvée subitement guérie, sans avoir employé aucun remède. En sorte que l'on ne peut attribuer la guérison de sa paralysie aux secours de l'art ou aux secours secrets de la nature.

C'est pourquoi j'ai délivré le présent certificat pour servir et valoir ce que de raison.

A Gonesse, le 8 Juillet 1785.

Signé : CASTRE, Chirurgien.

Le 29 août suivant, Monsieur de Vauvilliers, professeur de langue grecque du collège royal, membre de l'académie des Inscriptions et belles lettres joignit ses instances à celles du curé et de tous les paroissiens pour obtenir de l'archevêché une reconnaissance officielle de miracle.

L'archevêque répondit : « J'ai reçu Monsieur la lettre que vous vous êtes donné la peine de m'écrire au sujet de la guérison opérée sur une jeune fille de Gonesse, les détails dans lesquels vous entrez sont une preuve de votre piété et de votre amour pour la religion.

Je désire comme vous qu'il y ait un miracle proprement dit dans cette guérison, mais vous sentez qu'il y a des formes à observer et que je dois prendre des renseignements très exacts, avant que d'ordonner une information juridique, c'est ce dont je m'occupe présentement. »

L'affaire en resta là ; il n'est pas douteux que sans les événements qui suivirent et qui préoccupèrent bien davantage les esprits, l'archevêque au bout d'un certain temps, n'eut reconnu comme miraculeux le fait que nous venons de rapporter tout au long, et qu'il aurait prescrit quelque cérémonie pour en perpétuer le souvenir. Quoi qu'il en soit nous devons pour compléter notre récit, dire que la jeune fille épousa plus tard le sieur Millet serrurier, le même qui fabriqua en fer forgé le magnifique lutrin qu'on possède encore. Elle en eut un fils qui, devenu prêtre, fut quelque temps vicaire de Gonesse (1824) et mourut curé d'Argenteuil ; nous avons nommé Monsieur l'abbé Henri Millet. Quant à la statue de St-Pierre, que nous ne pouvons qualifier de miraculeuse puisque l'Eglise n'a pas prononcé, elle fut sauvée à la Révolution par une âme pieuse qui la cacha longtemps dans le jardin du sieur Lambert meunier, où elle servit de banc, enfoncée dans la terre. Après la période révolutionnaire on la replaça sur le côté extérieur de l'Eglise, non loin du clocher et tout près de la porte dite « des hommes », qui existait alors.

Le souvenir du miracle avait survécu à la Révolution, on aimait cette statue ; à la St-Pierre, on venait apporter des fleurs, des bouquets, des couronnes de lis qu'on posait sur la tête du saint. Monsieur l'abbé Thibault curé de Gonesse, eut une heureuse inspiration en rendant cette statue à sa place primitive entre les deux battants de la grande porte. Puissent les Gonessiens, qui ont passé si longtemps devant cette statue, peut-être avec indifférence, parce qu'ils ne connaissaient pas suffisamment son histoire, la considérer maintenant avec respect, la conserver avec amour et renouveler dans leur cœur les sentiments de piété et de reconnaissance envers le bienheureux apôtre, leur patron, qu'elle représente.

Chapitre VI

GONESSE PENDANT LA RÉVOLUTION
1789-1815

Grandes journées révolutionnaires : La Fédération — Le 20 juin — Le 10 août. — Gonesse érigé en district. — Constitution civile du clergé. — La patrie en danger. — La misère à Gonesse — Gonessiens et Vendéens. — Les fêtes révolutionnaires au temple de la Raison — Destoret et la messe de minuit. — Les cendres de J. J. Rousseau. — Chute de Robespierre. — Les Écoles. — Réaction. — M. Denis.

———

PRESQUE toutes les grandes journées de la Révolution ont eu un écho à Gonesse ; ce chapitre ne sera donc pas le moins intéressant. On se rendait assez compte, vers 1785, qu'on allait vers un nouvel ordre de choses. Les prédicateurs de l'Avent et du Carême demandés par M. Jollivet, lui écrivent que vu les circonstances des temps, ils hésitent à prêcher leur station. La moralité du peuple laisse beaucoup à désirer dans la banlieue de Paris ; depuis 1782, on a constaté 50 Églises volées, aux environs de la capitale. La foi s'en va et par suite l'observance du Décalogue. L'Église St-Pierre fut visitée, elle aussi, par des voleurs dans la nuit du 7 au 8 janvier 1790. Ils pénétrèrent dans le lieu saint en fracturant les portes ; il n'y eut pas de sacrilège commis,

Chapitre VI

GONESSE PENDANT LA RÉVOLUTION
1789-1815

Grandes journées révolutionnaires : La Fédération — Le 20 juin — Le 10 août. — Gonesse érigé en district. — Constitution civile du clergé. — La patrie en danger. — La misère à Gonesse — Gonessiens et Vendéens. — Les fêtes révolutionnaires au temple de la Raison. — Destorét et la messe de minuit ! — Les cendres de J. J. Rousseau. — Chute de Robespierre. — Les Ecoles. — Réaction. — M. Denis.

———————

PRESQUE toutes les grandes journées de la Révolution ont eu un écho à Gonesse ; ce chapitre ne sera donc pas le moins intéressant. On se rendait assez compte, vers 1785, qu'on allait vers un nouvel ordre de choses. Les prédicateurs de l'Avent et du Carème demandés par M. Jollivet, lui écrivent que vu les circonstances des temps, ils hésitent à prêcher leur station. La moralité du peuple laisse beaucoup à désirer dans la banlieue de Paris ; depuis 1782, on a constaté 50 Eglises volées, aux environs de la capitale. La foi s'en va et par suite l'observance du Décalogue. L'Eglise St-Pierre fut visitée, elle aussi, par des voleurs dans la nuit du 7 au 8 janvier 1790. Ils pénétrèrent dans le lieu saint en fracturant les portes ; il n'y eut pas de sacrilège commis,

heureusement, mais de simples dégats matériels. L'Eglise de St-
Nicolas fut également visitée la même nuit, mais avec aussi peu de
succès. Les dégats furent vite réparés et les fabriciens profitèrent
de leurs économies disponibles pour remettre en état le beffroi.
Ce fut le sieur Chalot qui en fut chargé, il y a laissé d'ailleurs sa
signature (1790). Les 6 cloches furent replacées: sur ces six,
trois avaient été refondues, elles pesaient l'une 3,878 livres, la
seconde 2,617 et la troisième 2,054. Il est bien regrettable que la
Révolution ne nous ait pas laissé le joli carillon de ces 6 cloches.
Trois ans après, la commune se trouvant dans la plus grande détresse proposa de vendre la plus grosse et la plus petite, pour
remplir la caisse municipale ; cela fut exécuté, et maladroitement,
car l'horloge fut abimée. Les habitants protestèrent quand on voulut
vendre les autres cloches ; on fut alors obligé de laisser celle de
1682 pour sonner les heures, et appeler les ouvriers à leurs travaux des champs. Il ne resta donc à St-Pierre qu'une seule cloche
à laquelle on joignit plus tard celle qui était restée à l'oratoire de
St-Nicolas.

La prise de la Bastille, en 1789, n'eut pas d'écho à Gonesse, ou
du moins il n'y est pas fait la moindre allusion, mais le 14 juillet
de l'année suivante, la fête de la Fédération, qui fut célébrée avec
tant d'éclat à Paris, ne le fut pas moins solennellement à Gonesse;
il n'est pas sans intérêt, nous semble-t-il, de relater ici le procès-
verbal suivant :

Procès-verbal de la Fédération 1790

L'an 1790, le mercredi 14 juillet, la municipalité, le conseil
général de la commune et tous les citoyens composant la garde nationale de cette ville, réunis dans la maison commune, après avoir
célébré la cérémonie du Pacte Fédératif, ont d'un commun accord
arrêté que pour immortaliser la mémoire d'un pacte aussi solennel,

aussi auguste, aussi satisfaisant pour les habitants de cette ville, il
en serait dressé procès-verbal sur les registres de la municipalité.
En vertu de l'adresse de nos frères de Paris portant invitation à se
réunir à eux pour le pacte fédératif, et excités par le zèle patriotique
dont les cœurs de tous nos concitoyens sont pénétrés, d'après la
délibération prise en municipalité ; le conseil général de la commune, la garde nationale, le clergé de chaque paroisse, les R.R.P.P.
Dominicains de cette ville, se sont trouvés réunis vers les 10 heures
du matin à la maison commune d'où est parti le cortège.

1° Le clergé des deux paroisses avec croix et bannières, accompagné de MM. les R. R. P. P. précédés d'un nombre considérable de
jeunes citoyennes toutes voilées de blanc décorées du Ruban national, ouvraient la marche.

2° Le corps municipal suivi du conseil général de la commune
était au centre, accompagné des principaux et notables habitants
entre deux haies de gardes nationaux marchant au son des tambours
et de la musique, drapeau déployé. Dans cet ordre ont été suivies
les principales rues de la ville jusqu'à la place publique où avait
été dressé un autel public à la patrie orné de guirlande et couronné
d'un arc de triomphe, et sur lequel a été célébré la messe par M.
l'aumônier de la garde [1] Pendant la messe a été exécuté et chanté
le psaume Exaudiat. A été ensuite prononcé un discours par ledit
aumônier, relatif à la cérémonie. Le discours fini, M. le Maire à
la tête tant du corps municipal que du conseil général de la commune, est monté à l'autel de la patrie et la main posée sur ledit
autel, a prononcé à haute et intelligible voix le serment d'être à
jamais fidèle à la nation, à la loi et au Roi, de maintenir de tout
son pouvoir la constitution décrétée par l'assemblée nationale et
acceptée par le Roi, de protéger, conformément aux lois, la sûreté
des personnes et des propriétés, la libre circulation des grains et
subsistances dans l'intérieur du royaume, la perception des contributions publiques sous quelques formes qu'elles existent, et de
demeurer unis à tous les français par les liens indissolubles de la
fraternité. Tous les citoyens ont répondu avec l'enthousiasme et le
patriotisme le plus ardent par le mot : Je le jure. M. le Maire les a
félicités sur le bonheur que leur présageait une cérémonie aussi
solennelle et a terminé par des réflexions propres à faire connaître
les hommages à rendre à un roi restaurateur de la liberté française
dont il a couronné le buste placé devant l'autel. Puis le Te Deum
entonné par M. l'aumônier et continué par le clergé, après lequel

[1] L'Abbé Déchard enfant de Gonesse et vicaire à St-Pierre.

tout le cortège, dans le même ordre qu'auparavant, s'est rendu dans l'Eglise St-Pierre où M. le Curé de ladite Eglise a donné la bénédiction du T. S. S¹, et prononcé également un discours patriotique. Lequel fini, le clergé de la paroisse St-Nicolas, accompagné d'un détachement de la garde, est retourné dans son Eglise. Le corps municipal et le conseil général ont été reconduits à la maison commune et la fête a été terminée par un repas où se sont trouvés un grand nombre de citoyens réunis à une même table, et dans ce repas, à la satisfaction de tous, il a régné autant de joie et de confraternité que de décence.

Et tous les présents ont signé : COUTANCEAU maire, BARBIER, MEUNIER, DUPILLE, CHEVROLAT, DÉCHARD, BONNION, SIMON, COSMELIN, PLÉ, CASTRE, FOULON. Et les deux porteurs du buste du Roy FROMENTIN et BIGNON.

Nous n'avons pas le discours de l'aumônier, mais il nous reste celui de Monsieur Jollivet prononcé en cette circonstance. Nous ne pouvons résister au désir d'en donner quelques extraits :

Discours sur l'érection de Gonesse en district

prononcé le 14 Juillet 1790 dans l'Eglise paroissiale de St-Pierre

par M. J. JOLLIVET, curé

> « Et tu Bethleem terra Judæ, nequaquam minimis es in principibus Judæ. »
>
> « Et toi Bethléem terre de Juda, tu n'es pas la dernière parmi les principales villes de Juda. »
>
> « (Mal. 4) »

« Bethléem M. T. C. F. est un nom hébreux qui signifie selon tous les interprètes : la maison du pain. La ville où J. C. est né ne pouvait avoir une étymologie plus convenable parce que J. C. est le pain des âmes, le pain des anges, le pain de Dieu même *panis Dei est*. Il est aussi le vrai pain donné aux hommes dans la plénitude des temps, montré d'abord aux yeux du corps sous le voile de notre chair ; puis dans la suite des siècles aux yeux de la foi sous les espèces eucharistiques ; enfin dans l'éternité, sans voiles et sans nuages sur le trône de sa gloire . . . . . ; Vous me prévenez sans doute, M. T. C. F., au seul nom de la maison du pain, voisine de Jérusalem, célèbre par la bonté de ses eaux et devenue une des principales villes du royaume de Juda. Vous vous représentez déjà la ville de Gonesse voisine de Paris et connue dans toute l'Europe par la bonté de son pain, qu'elle doit à la

« qualité de ses eaux, devenue une des principales villes du royaume
« par le concours de 70 paroisses toutes plus distinguées les unes
« que les autres, dont elle est établie le chef et le centre. . . . . .
« C'est de cette gloire de Gonesse dont j'ai dessein d'entretenir au-
« jourd'hui votre piété. Je dis votre piété et non votre vanité, car à
« Dieu ne plaise que nous nous enorgueillissions d'une distinction
« politique qui ne nous rend pas meilleurs ou que nous regardions
« avec dédain aucune des paroisses de notre district qui ne perdent
« rien de leur mérite pour être de l'arrondissement de Gonesse ;
« recevons plutôt avec reconnaissance les biens que les paroisses
« d'alentour vont nous procurer, et rendons leur avec honneur, tous
« ceux qu'elles sont en droit d'attendre de nous. C'est le vœu de la
« nation, la fin de la loi et la volonté du Roi par lesquels nous jurons
« tous aujourd'hui. C'est aussi le fruit que je me propose de vous
« faire retirer de ce discours . . . . »

Après cet exorde, M. Jollivet retrace rapidement l'histoire de
Gonesse depuis Hugues Capet et l'annexion du Gonessois au domaine de la couronne ; il parle des boulangers et drapiers, etc. Nous
n'avons pas la péroraison de ce discours, mais il est incontestable
qu'il devait flatter l'amour propre des Gonessiens réunis à St-Pierre.

L'année suivante, l'anniversaire de la Fédération fut célébré
avec autant de pompe, la messe fut dite sur la place du marché
par Monsieur Barra, vicaire de St-Pierre, et Monsieur Coutanceau,
maire, fit encore un discours que nous n'entreprendrons pas de
rapporter, où il célèbre les douceurs de la liberté, l'esprit de la
fraternité et de l'égalité qui anime tous les cœurs. La garde nationale, d'après le décret du 10 Juillet 1790, avait alors son splendide
uniforme habit bleu de roi, doublure blanche, parements et revers
écarlate, passe-poil blanc, collet blanc et passe-poil écarlate, épau-
lettes jaunes ou en or, la manche ouverte à trois petits boutons avec
passe-poil rouge. Sur le bouton était écrit *district de Gonesse*. Sur
l'un des retroussis écarlate de l'habit était écrit en lettres jaunes
le mot *constitution* et sur l'autre retroussis le mot *liberté* ;
la veste et la culotte étaient blanches. Il est probable que selon la

mode d'alors, on portait la chevelure poudrée et la queue, et le chapeau tricorne.

Tout cet appareil n'était pas seulement déployé aux fêtes civiles, la garde nationale assistait aussi aux processions de la Fête Dieu et de l'Assomption tant à St-Pierre qu'à St-Nicolas.

La garde nationale se composait pour le canton, de 10 compagnies de 100 hommes de 18 à 50 ans. Gonesse fournissait 340 citoyens, Sarcelles 286, Garges 150, Bonneuil 102, Roissy 80, Arnouville 55, Aulnay 48, Goussainville 47, Bouqueval 32, Plessis Gassot 26 et Vaud'herland 15. Cette belle fête de la Fédération remplit tous les esprits d'un immense espoir et d'une confiance universelle, mais elle n'eut malheureusement pas de lendemain. La Révolution progressait, l'assemblée décréta la constitution civile du clergé le 26 septembre 1790 et le dimanche 24 janvier 1791 à l'issue de la grand'messe, M. Jollivet et ses deux vicaires prêtèrent le serment exigé aux applaudissements des fidèles. Par contre, le curé et le vicaire de St-Nicolas ne crurent pas devoir suivre l'exemple du clergé de St-Pierre. Nous sommes persuadé que de part et d'autre les intentions étaient bonnes; ceux-ci prêtèrent le serment exigé par esprit de conciliation et d'après l'exemple de quelques curés de Paris; ceux-là le refusèrent parce que le plus grand nombre des membres du clergé français pressentait comme eux l'interdiction du Pape [1]. Le curé de St-Nicolas, du reste, ne fut pas inquiété pour son refus de serment et continua l'exercice du ministère toute l'année 1791, puisque ce n'est que le 4 décembre que sa paroisse fut définitivement supprimée.

Le 10 avril, un *Te Deum* fut chanté pour le rétablissement de la santé du Roi, la même cérémonie eut lieu, et le même jour, à

[1] Le pape n'interdit le serment à la constitution civile du clergé que le 10 mars 1791.

St-Nicolas. L'Assemblée Nationale qui avait porté ce décret l'avait fait afficher, lire et publier aux prônes des deux paroisses. Ce fut l'usage ainsi même pendant la Convention, car le dimanche 26 août 1792, la nomination des électeurs pour cette Convention Nationale, se fit dans l'Église St-Pierre, et le curé avait été invité de faire son possible, pour terminer ce jour-là, l'office à 9 heures du matin. Les habitants de St-Nicolas voulaient la messe à 11 heures dans leur Église transformée en oratoire. Ils finirent par l'obtenir, et le dimanche 4 septembre 1792, M. Philippe Auguste Joseph Adant vicaire de Meudon, nommé depuis quelques jours à Gonesse, y disait la première messe.

Cependant les idées nouvelles se répandaient de plus en plus dans les esprits, la fréquentation des Parisiens, occasionnée par le commerce des blés et farines, n'était par sans nuire au bon esprit séculaire des Gonessiens.

Tandis que les honnêtes gens considèrent avec méfiance et effroi toutes les innovations du nouvel ordre de choses, les gens tarés, les fainéants accueillent avec transport les colporteurs des idées nouvelles. Vers la fin de 1791, Gonesse a déjà subi l'influence de ces idées. Des femmes débauchées sont venues de Paris, elles occasionnent, dit-on, des maladies nouvelles et inconnues jusqu'alors. Depuis le 8 août, on est obligé de porter la cocarde et on tracasse les réfractaires. Les gardes nationaux ont souvent des rixes avec les habitants. Les boulangers, sommés de leur fournir du pain, se plaignent de leurs exigences.

Les cabarets, moins nombreux pourtant qu'aujourd'hui, ne désemplissent pas et la Municipalité est obligée de prendre des mesures pour en restreindre l'accès.

On viole de plus en plus le repos du dimanche qui était pourtant

8

inscrit dans la loi. Le Directoire conserva cette sage loi de l'ancien régime, qui était si bien entrée dans les mœurs qu'à peine rencontrons-nous 5 ou 6 contraventions au cours d'une année. Pendant le décadi, il fut rigoureusement défendu de travailler; et à l'heure actuelle, dans presque toute l'Europe, cette loi si utile et si nécessaire aux travailleurs est invariablement observée. Il n'y a qu'en France qu'on voit l'ouvrier travailler ainsi, plusieurs semaines de suite, sans trève ni repos, au grand détriment de sa santé.

Cependant le roi Louis XVI ne se sentait plus libre, chaque jour son autorité était méconnue. Il quitta les Tuileries secrétément dans la nuit du 20 juin, avec la Reine, le dauphin et sa sœur, Madame Elisabeth et Madame de Tourzel, gouvernante des enfants de France. Reconnu et arrêté à Varennes, le roi est ramené à Paris sous escorte et suspendu de ses pouvoirs. La nouvelle de ces faits arriva à Gonesse, le lendemain 21 juin, par les boulangers, à leur retour de Paris; et comme l'assemblée Nationale déclara que 300,000 gardes nationaux se lèveraient sur le champ par toute la France pour défendre le territoire, la municipalité de Gonesse demanda des armes « attendu qu'il n'y a dans toute la ville que 25 fusils et pas de munitions.» On demande donc pour la garde nationale 100 fusils, 25 livres de poudre et 400 livres de balles de plomb. Le même jour, les administrateurs du district ayant représenté que vu les circonstances présentes, il ne serait pas prudent de faire les processions qui sont d'usage, il fut arrêté qu'il serait annoncé au son de la caisse que les processions du St-Sacrement n'auraient pas lieu, et qu'en conséquence, les citoyens étaient dispensés de faire tendre le devant de leurs maisons et le pourtour du cimetière. Le 4 août, trois bataillons de gardes nationaux, volontaires du département de Paris, viennent s'établir à

Gonesse et les neuf boulangers qui restaient encore sont contraints de fournir par jour près de 4,000 livres de pain. Ce qui nous montre que cette corporation, autrefois si prospère, est déjà bien tombée ; elle ne s'est pas relevée, du reste, depuis la Révolution, et c'en fut fait du fameux pain de Gonesse, sa renommée seule a survécu !

L'Assemblée législative proclamée le 1er octobre 1791, fut encore pour Gonesse l'occasion d'une fête identique à celle de la Fédération. Elle fut célébrée le 2 octobre au son des cloches et des salves d'artillerie. Gonesse possédait 3 canons appartenant à M. de Nicolaï (1). Un détachement du 21e régiment de cavalerie suivait les gardes nationaux, drapeaux déployés. Il faut lire tout au long aux archives le compte rendu de cette fête qui surpassa encore les précédentes; le cortège partit du district, passa par la rue de l'Hôtel-Dieu, la rue de Paris, rue de la Fontaine St-Nicolas, rue Gallande, revint par les mêmes rues et la rue de l'Hôtel de Ville jusque sur la place du marché, où fut prononcé un discours sur les avantages de notre *adorable* constitution (sic) qui a été vivement applaudi, puis on entra à St-Pierre pour entendre la messe d'action de grâce et pour remercier le Seigneur de la généreuse acceptation de la Constitution française faite par *notre bon roi Louis XVI*; enfin le "Te Deum" et le verset "Domine Salvum fac regem" furent chantés. Et cette fête immortelle, fut terminée par une illumination générale ; elle a été célébrée avec le patriotisme et le civisme le plus pur de la part de nos concitoyens. A la suite de ce procès-verbal viennent les signatures : Déchard, Bignon, Meunier, Laboue, Levasseur, Castre, etc.

Douze jours après cette fête, la loi du 13 avril précédent au sujet

(1) Seigneur de Goussainville.

des droits seigneuriaux, était exécutée. Il y avait dans le chœur de
l'Eglise St-Pierre, deux bancs, l'un seigneurial et l'autre pour la
justice; il fut signifié à Monsieur de Machault, de les faire retirer;
quand ce fut fait, on prolongea la balustrade du sanctuaire, on
continua les marches, et l'espace vacant par la suppression des
deux bancs fut carrelé en marbre. L'étoile, aussi en marbre, posée
à l'entrée du chœur, date de 1787 et fut payée 210 fr. Il
est à croire que les deux bancs seigneuriaux se trouvaient à
l'endroit qu'occupent maintenant les deux statues de St-Pierre
et de St-Paul, dans le chœur.

Messire Jollivet était loin d'être rassuré par toutes ces dispositions nouvelles, le 9 Juin 1792, il se refuse à faire les
processions habituelles de la Fête-Dieu. Il annonce en chaire
que son âge et ses infirmités ne lui permettent pas d'aller à
St-Nicolas, de là plaintes et murmures dans la ville, on ne
verra donc plus ces belles processions. les corporations ne pourront donc pas se grouper derrière leurs bannières. et la garde
nationale si fière de son bel uniforme, ne pourra donc pas
l'exhiber en grande pompe. En apprenant ces rumeurs et ces
plaintes, le président du district considérant : 1° que l'ordre,
la tranquillité publique, 2° que la suppression des processions,
offre les plus grands dangers pour la Religion et l'ordre civil,
3° que M. le Curé a un vicaire pour le remplacer......
arrête : 1° Que M. le Curé sera invité à faire faire la Procession
à St-Pierre et à St-Nicolas. 2° Non seulement demain 10,
mais le 14 Juin, jour de l'Octave. 3° Ledit arrêté sera communiqué à Monsieur Jollivet, lequel est invité à donner la réponse
officielle pour, par la Municipalité, être donnés les ordres nécessaires en ce qui la concerne et statue ce qu'elle avisera bon être.
Et ont signé:

Duriquet, président, Lebon, Hochon, Bignon, Foulon, Proffit.

La journée du 20 juin et la déclaration du duc de Brunswick eurent leur contre-coup à Gonesse. Le 27 Juillet on proclama solennellement la Patrie en danger, la marche était ouverte par deux tambours qui battaient une marche ferme et sévère, puis, des grenadiers et vétérans, le corps municipal, puis, une grande enseigne rouge sur laquelle on lisait ces mots: *Citoyens, la patrie est en danger.* Le conseil général de la commune venait ensuite avec un détachement de la garde nationale. Le cortège parti du district, prit la rue de Normandie, rue basse St-Pierre (¹), et se rendit sur la place du Marché, où fut faite la première proclamation.

Le Maire fit le discours suivant

CITOYENS, MES FRÈRES,

«Nous venons vous annoncer de la part de l'Assemblée Nationale, ou pour mieux dire, l'Assemblée vous annonce elle-même que la Patrie est en danger, et qu'en ce moment nous devons tous nous rallier et nous tenir unis pour conserver nos forces et défendre nos propriétés contre des ennemis menaçants. Notre monarque nous y invite par sa proclamation royale. Et en effet, mes frères, ce sera le seul moyen de nous préserver des malheurs dont nous sommes menacés. Nous en avons pour exemple les Romains. L'histoire nous apprend que tant qu'ils ont été unis, ils ont été invincibles. Mais aussi, ils étaient tous soldats et au premier signal de la guerre, ils allaient se ranger chacun sous leurs drapeaux; imitons-les, mes frères, et que ceux d'entre vous qui sont en état de porter les armes aillent rejoindre nos braves citoyens guerriers qui sont déjà devant l'ennemi. Notre roy nous y invite, et nous vous y invitons comme lui, tandis que les autres garderont les propriétés intérieures. Dans tous les cas, mes frères, nous devons nous défendre pour que force demeure à la loi et que toutes les propriétés soient respectées».

Après ce discours, le cortège reprit la rue St-Pierre, rue de Normandie, rue basse St-Pierre, au coin de laquelle fut faite la

(1) Rue Pierre de Thillay, rue de l'Hôtel-Dieu.

4

deuxième proclamation, puis la rue des Huilliers, du Châtel, des Archers, et Galande jusqu'au carrefour de la rue de l'Oratoire(1) où eut lieu la troisième proclamation, puis la dernière proclamation à la croix des ormes. Enfin le cortège de retour à la maison commune, il fut dressé du tout procès-verbal.

Parmi les grandes journées de la Révolution, celle du 10 Août ne passa pas non plus inaperçue. Le lendemain samedi vers 9 heures du matin, le conseil général de la commune réuni en son bureau où étaient MM. Duviquet, président; Foulon, Gentil, Lebon, officiers municipaux; Hochon procureur de la commune; Levasseur, Leval, Berger, Castres, notables. Le président annonce à l'assemblée que « des troubles existent dans la capitale de cet empire, sans qu'il soit possible d'en savoir la cause, que ces troubles, quels qu'ils soient, ne sont propres qu'à faire gémir tous les bons citoyens, que néanmoins les circonstances nécessitent de la part du conseil général des mesures à prendre pour assurer la tranquillité de cette ville, que pour y parvenir, ils proposent: 1° d'augmenter la garde de nuit de 5 hommes jusqu'à nouvel ordre, 2° de délivrer de la poudre et des balles pour faire fabriquer 150 cartouches . . . . Le surlendemain, dimanche, on sut à quoi s'en tenir sur les troubles de Paris; le décret de l'assemblée Nationale qui déclarait le roi suspendu de ses fonctions, était publié à St-Pierre, et le jeudi 16 août à 9 heures du matin, lecture fut faite du décret qui établissait la Convention. Le 18 un grand service fut célébré « en l'honneur de nos frères morts martyrs de la liberté dans la journée du 10 », auquel service assistaient le conseil général, les officiers municipaux et la garde nationale. Si, comme nous le voyons, les Gonessiens conservent encore le respect du culte, il n'en est plus de même pour la royauté;

(1) Rue de Savigny

le 22 septembre, le président Duriquet dit au conseil, qu'il existe dans l'Eglise des armoiries, qui, dans ce moment sont proscrites, parce qu'elles ont rapport à la royauté, et qu'il pense qu'il est urgent de signifier à M. Foulon, marguillier, de supprimer les armoiries qui sont tant au dehors qu'en dedans de l'Eglise. Ce marguillier avait déjà proposé de descendre deux cloches et de vendre l'argenterie inutile et les vieux orfrois des ornements au profit de la fabrique.

Le mois d'octobre 1792, vit commencer la lutte ouverte contre les traditions religieuses et tous les souvenirs du passé. Le dimanche 7 octobre, les confréries et congrégations furent abolies, les quêtes supprimées, et il fut notifié aux corporations de Ste-Anne et du St-Sacrement de ne plus se présenter à domicile pour leur quête, selon l'usage plusieurs fois séculaire. Les registres de baptêmes, mariages et sépultures sont retirés aux paroisses et remis à la Municipalité; le 26 octobre le culte est officiellement supprimé, l'argenterie confisquée et envoyée au directoire du district. Cependant pour éviter les rumeurs que pourrait occasionner l'enlèvement de la croix d'argent, il est décidé qu'on s'en procurera une de cuivre. On procédait déjà, alors, comme de nos jours, lentement mais sûrement. Enfin le 16 novembre il est signifié à Monsieur Jollivet, qu'il n'a plus droit à aucun casuel sous peine de perdre sa place et son traitement.

Cependant la messe et les autres offices se font encore à la paroisse mais ils cessent à l'oratoire; tous les objets du culte qui s'y trouvent sont transportés à St-Pierre et les citoyens qui ont aidé au transport se partagent la somme de 14 livres 10 sols qui leur est allouée. Le district a pour sa part 04 marcs d'argent provenant de ce pillage (1). L'ancien presbytère de Monsieur Barbier

---

(1) Nous avons retrouvé les fonds baptismaux de St-Nicolas, dans un jardin de Gonesse, où ils servent de réservoir.

est changé en caserne, et le 27 décembre, 32 dragons viennent l'occuper. Quant au vicariat de St-Nicolas, Monsieur Adant qui desservait l'oratoire reçut permission d'y loger, cela ne l'empêchait pas de faire à St-Pierre les fonctions de premier vicaire et de prêcher la station d'avent (1792). Il devait deux mois plus tard être remplacé ainsi que son confrère par deux nouveaux vicaires Vital Flory et Honoré Louis Gelin; celui-ci desservait Vaud'herland et pendant quelque temps la commune de Thillay.

La terrible année 1793 s'annonçait ainsi sous ces tristes auspices. Deux jours avant la mort de l'infortuné Louis XVI, le 19 janvier, on procède encore à la « donnée ». Pour la dernière fois depuis 1412, il est distribué aux pauvres 3,000 livres de pain. Le bon cœur des Gonessiennes se fait encore sentir par la générosité avec laquelle la citoyenne Lambert donne 1,282 livres pour subvenir aux dépenses à faire pendant le cours de l'année, pour le service des pauvres femmes pendant leurs couches. C'est évidemment ici une allusion aux Dames de la charité, confrérie établie à la suite de la mission de 1709, comme nous l'avons vu, et alors abolie.

Tous ces secours qui ne purent être de longue durée, arrivaient alors bien à propos, car la misère était grande à Gonesse, par suite du nouveau régime et de la loi du maximum. (Cette loi fixait le prix des denrées de première nécessité et de la journée de travail.) La viande devenait rare, la vache coûte 22 sols la livre, Gonesse manque de sucre, de savon, de beurre; on réserve le sucre pour les malades, le lait pour les enfants; on manque aussi de chandelle et de suif, par conséquent pas de lumière; aussi le corps de garde à l'entrée de la rue du Vignois qui avait un réverbère à suif est plongé dans la plus grande obscurité, et le citoyen Simon Martial

Bunet s'étant un soir cassé la jambe, on ordonna aux 4 bouchers que possédait alors la ville, de fournir du suif pour l'éclairage. Les animaux, les porcs et les oies en particulier, errent dans les rues en liberté, malgré les défenses plusieurs fois réitérées. Les loups même y font souvent des apparitions; le 9 octobre, un mouton appartenant au citoyen Collinet, fut emporté par un de ces carnassiers; on fut obligé d'organiser une battue à Roissy.

Le vin d'Argenteuil coûte 10 sols 6 deniers la bouteille; les boulangers sont tenus de faire du pain démocratique et de le marquer des lettres initiales de leur nom. Le pain mollet est défendu. Les nourrices s'étant plaintes du mauvais vouloir des laitiers, il fut décrété qu'elles seraient servies avant les autres citoyens, et ce, *au nom de l'humanité !* Ce fut bien pis encore l'année suivante; la chandelle manqua complétement, il fut défendu de veiller après 10 heures, dans les cabarets, où l'on jouait au billard. Les boulangers durent refuser leur pain aux communes voisines, et malgré cette mesure, une insurrection s'éleva contre le prix du pain (20 sols la livre.)

Les administrateurs furent forcés de le distribuer eux-mêmes et de le vendre 8 à 13 sols (23 germinal III). Enfin le 24 fructidor an III, il fut constaté en séance, que plusieurs personnes étaient mortes de faim; on résolut de faire une collecte pour les indigents. Une pétition fut envoyée au Comité de salut public pour obtenir des secours. Vingt quintaux de riz étaient arrivés au Hâvre pour Gonesse, mais ils furent pillés en route, à Barentin (S.-Inf.). Paris accorda cependant 10 quintaux de farine et 4 de riz. La citoyenne Frappart de Goussainville donna à Gonesse 4 setiers de blé, Jean Ducrocq de Roissy, 3 quintaux de farine. Ces secours furent distribués, le pain à raison de 8 sols la livre aux indigents, et 13 aux autres citoyens; le riz 6 et 10 francs la livre!

Cette grande détresse qui existait, non seulement à Gonesse mais dans toute la France, n'empêchait point les partisans de la Révolution d'exercer de plus en plus leur haine contre la royauté et la religion. Une "société populaire" se forme à Gonesse, elle propose de retirer de l'Église de l'Hôtel-Dieu, le chœur, une partie de la nef, la chapelle de la Ste-Vierge et celle de St-Blaise, pour faire un Hôtel de Ville et une chambre d'arrêt. Ce vœu fut ratifié et la chapelle des Dominicains devint ainsi un club. On y établit un bureau, avec encrier, plumes et accessoires, sans oublier la clochette pour le président; comme luminaire, trois chandeliers de fer avec chacun leur paire de mouchettes. Deux lanternes accrochées dans le fond de la chapelle et 76 chaises complétaient l'ameublement. Ce n'était pas très luxueux, mais la société populaire n'y regardait pas de si près, et elle tint là toutes ses séances qui n'étaient pas des plus pacifiques.

La loi des suspects commence aussi à être appliquée. Un sieur Boin, voyageant dans la voiture publique, fut arrêté pour avoir tenu des propos peu républicains. Le maître de poste d'Arnouville, Jean Christophe Poiret, faisait alors le service des voyageurs pour Paris, et c'est peut-être en cette circonstance que cette aventure arriva.

Le 17 Mai 1793, un membre du district entrait en séance, Il déclara qu'il était instruit qu'une des ci-devant sœurs de charité faisant les écoles à Goussainville, et instruisant les jeunes filles pour la première communion qui se devait faire le jour de la Pentecôte, elle recommandait de prier le bon Dieu pour ceux qui faisaient la guerre en Vendée, qui combattaient pour la Religion et le Roi et que leur cause était la bonne. La citoyenne Orville de Goussainville était la dénonciatrice, et c'est d'elle qu'il tenait tous ces détails.

On fit une enquête dont nous ignorons le résultat, mais il est à craindre que la pauvre sœur ne dut expier peut-être cruellement, la faute d'avoir exprimé tout haut devant ses enfants, ses pensées et ses désirs secrets.

Ce qui nous surprend aussi à cette époque, c'est que le 28 mai un membre proposé, et sur les conclusions du citoyen procureur de la Commune, il est arrêté que la procession du jour et de l'Octave de la Fête Dieu, aura lieu comme par le passé; on partira à 8 heures du matin dans l'ordre accoutumé, pour aller à l'Oratoire où sera dressé un reposoir, puisqu'on a retiré tous les objets servant au culte.

Cependant la guerre de Vendée à laquelle nous venons de faire allusion plus haut, s'était déclarée dès la mort du Roi. Le 4 juin plusieurs citoyens de Gonesse s'enrôlèrent pour aller combattre les Chouans. Ils combattirent avec courage et la plupart furent tués dans l'affaire de Fougère, ou fusillés pour n'avoir pas voulu crier vive le Roi ! On fit à cette nouvelle une souscription patriotique à Gonesse. Elle produisit 392 livres qui furent partagées entre les citoyens qui survécurent et les enfants de ceux qui avaient péri dans ce combat.

Tous les volontaires ne furent pas animés, jusqu'au bout de la guerre, de ces sentiments de bravoure, il y eut plusieurs fois dans les rangs des Gonessiens des déserteurs. L'un se plaignait d'avoir été toujours refusé dans les demandes qu'il avait faites d'une paire de souliers, l'autre avait préféré rentrer tout bonnement chez lui, plutôt que de s'exposer à mourir de froid ou de faim, un troisième ne se trouvait pas suffisamment équipé. Dix de ces volontaires récalcitrants furent ainsi un jour conduits à Versailles. C'est ce qui explique cette proclamation du général Bonaparte au début de la campagne d'Italie :

« Soldats, vous êtes mal nourris et presque nus ; le gouvernement vous doit beaucoup, mais ne peut rien pour vous ; votre patience, votre courage vous honorent, mais ne vous procure ni gloire, ni avantage ; je vais vous conduire dans les plus fertiles plaines du monde ; vous y trouverez de grandes villes, de riches provinces ; vous y trouverez honneur, gloire et richesses ! »

Pendant que ces événements se passaient en Vendée, la Terreur qui régnait sur Paris commençait à se répandre aussi dans la France entière. M. Jollivet demande, pour ne pas être inquiété, un certificat de résidence qu'on lui accorde le 12 juin. Cela ne l'empêcha pas d'être toujours suspecté et traité de ci-devant. Et malgré toutes les concessions qu'il crut pouvoir faire à la Révolution, il n'en fut pas moins mis en prison en avril 1794 comme nous le verrons plus loin. Au mois d'août 1793, on célébra encore, avec la pompe accoutumée, la fête de la *Réunion*. Nous ne reviendrons pas sur la description de cette fête, qui fut célébrée à peu près avec le même cérémonial qu'à la Fédération. Citons pourtant la fin de l'arrêté du district :

. . . . ART. VI « Les citoyens réunis à la maison commune se mettront en marche au son de tous les instruments, en chantant avec sensibilité l'hymne des Marseillais, l'air ; Ça ira, Où peut-on être mieux qu'au sein de sa famille, et d'autres hymnes analogues à la fête. Le cortège général arrive au pied de l'arbre de la liberté où l'autel de la patrie sera dressé, l'orateur montera sur les marches de l'autel annoncera au nom et sous les auspices de l'Être suprême la fête de la Réunion. Il prononcera un discours analogue à cette fête civique. Le discours fini, toute la musique répétera les airs chéris ci-dessus énoncés. Pendant ce temps, les citoyens se donneront le baiser fraternel, et le reste de la journée se passera en danses et autres divertissements qui seront terminés par l'art. 4 du règlement de Police concernant l'illumination.........

Comme nous le voyons, par cette citation, l'ère des exagérations commence pour Gonesse. Pendant 3 ans environ, toutes les grandes phrases à l'ordre du jour, relatent pompeusement les événements, et pendant ce temps le peuple à faim. L'histoire de cette époque nous montre bien des faiblesses et des entraînement coupables : mais on veut imiter Paris et se montrer à la hauteur de la Capitale.

C'est dans la même séance, dont nous avons rapporté l'extrait ci-dessus, qu'il fut arrêté que toutes les fleurs de lis seraient supprimées sur tous les édifices publics, ainsi que tous les emblèmes de la Royauté et de la Féodalité. A cette fête de la Réunion, nous pourrions citer le discours prononcé, que les archives municipales nous ont conservé; mais il offre assez peu d'intérêt, nous aurons plus loin l'occasion de montrer quelque échantillon de l'éloquence Gonessienne à cette époque.

Le 25 septembre fut constitué le Comité de Salut public et le 30 l'exercice du culte fut définitivement supprimé. Tout est à la Nation, rentes et revenus des Eglises, le linge est vendu, ainsi que les cloches et tout signe de religion prohibé. La rage des sectaires alla même jusqu'à s'étendre au cimetière. Sous prétexte d'égalité toutes les tombes furent nivelées et les pierres tombales vendues. L'antique croix des ormes fut abattue et sa destruction rapporta 83 livres aux maçons et 100 livres aux voituriers, qui vinrent en déposer les débris sur la place du Marché le long du presbytère. La grande croix qui s'élevait au milieu du cimetière, devant le portail de l'Eglise fut également abattue. On voulait en faire autant de la croix du clocher mais il faisait si froid, que les ouvriers remirent l'opération au printemps de l'année suivante. Ce fut grâce à cette circonstance, que la Croix domina Gonesse pendant toute la Révolution.

Toutes les statuettes et madones que la piété de nos pères avait érigées au-dessus de la porte de leurs maisons, avaient été enlevées et remplacées par les bustes de Marat et de Robespierre.

Seul, le citoyen Bonnevie persista à conserver la statue de la Ste-Vierge, mais comme elle choquait la vue des sans-culottes, on le força à la retirer le 14 fructidor an IV. Lors du rétablissement du culte toutes les madones reparurent, et on en voit encore un certain nombre aujourd'hui dans le quartier St-Nicolas, mais elles sont un peu délaissées et certainement on les honorait et on les soignait mieux autrefois. C'est encore dans les plus mauvais jours de cette époque que lechnelière, alors autour de l'Eglise, fut transporté sur l'emplacement nouveau où nous le voyons aujourd'hui. On alla si loin dans toutes ces saturnales révolutionnaires, que notre petite ville eut le triste honneur d'être félicitée par la Convention qui agréa ses offrandes (objets du culte, cloches, etc.) et ordonna qu'il en serait fait mention civique au procès-verbal de ses séances. Deux représentants du peuple, Lacroix et Musset, vinrent de Paris avec pleins pouvoirs, pour rendre visite à un district, animé de sentiments si purs. On se rendit en corps au devant d'eux. Le président de la société populaire et le président du comité révolutionnaire prirent la parole et exprimèrent toute la satisfaction que la commune et les corps constitués recevaient de leur arrivée.

Leur entrée, en effet, était triomphale; c'était d'abord un bataillon de jeunes citoyens, (les fameux bataillons scolaires étaient déjà inventés) Puis la garde nationale composée de 200 piques. On avait dressé sur la Place du Marché, en face le presbytère, une espèce de bûcher, sur lequel les notaires du district placèrent tous les titres féodaux pour y être brûlés. Six jeunes citoyennes en blanc, avec l'écharpe tricolore, tenaient un flambeau allumé. La jeunesse des écoles avait été invitée à cette cérémonie, *afin de se pénétrer des sentiments des vrais républicains.* Enfin on mit le feu au bûcher aux cris de Vive la République ! puis on forma un cercle et les farouches représentants du peuple se mêlèrent aux jeunes citoyennes et exécutèrent une danse patriotique, autour des débris enflammés.

Après cette scène, un membre de la nouvelle municipalité que la société populaire reconnaissait comme son digne fondateur et qui était bien peu recommandable, s'avança devant les représentants du peuple, et se plaignit qu'à ses prénoms de Pierre Florentin, il joignait un nom qu'aucun Français ne peut plus entendre prononcer (Roy). Il demanda à abjurer ce nom détestable, en face de l'arbre de la liberté, et à être autorisé à le remplacer par celui de Timoléon, nom célèbre chez un ancien peuple libre de la Grèce. Ce qui lui fut accordé. Séance tenante on procéda à son baptême avec des parrains et marraines. Cet acte burlesque de baptême civil (rien de nouveau sous le soleil, on le voit) fut consigné au registre. Ce Timoléon avant de devenir un si digne sans-culotte, était fermier de la fabrique de St-Nicolas, il s'était fait plusieurs fois tirer l'oreille pour payer ses redevances, et avait perdu plusieurs procès contre les propriétaires de la Malmaison. C'est ce qui explique son acharnement pour tout ce qui sentait le culte et l'ancien régime. Il fut plus tard accusé d'assassinat et mourut misérablement. Tel fut à Gonesse le coryphée de la Révolution!

Quand les beaux jours furent revenus, on se souvint toujours des excès de ce misérable et les mères disaient à leurs enfants quand elles avaient à s'en plaindre « Tu finiras comme Timoléon! » Une vieille Gonessienne qui existe encore au moment où nous écrivons ces lignes, se rappelle fort bien avoir entendu ce propos dans sa jeunesse. . . . . .

Malgré cette réception brillante, les représentants du peuple convaincus de la nécessité de rendre à la Municipalité de la commune l'activité et l'énergie nécessaire au milieu des dangers sans cesse renaissants de la Révolution, destituèrent la Municipalité existante et la remplacèrent par des citoyens plus ardents dont nous venons de voir un joli échantillon. Alors les mesures les plus révolutionnaires furent prises et ce fut vraiment la Terreur dans le pays.

A peine élu le nouveau maire dit *qu'un peuple libre ne doit laisser subsister aucune marque de superstition, que les hochets religieux sont déjà disparus du Temple qu'on a consacré à la Raison et à la Liberté, mais qu'il reste un pas à franchir, celui d'empêcher Jollivet, ci-devant curé, d'abuser plus longtemps les âmes crédules de cette commune; qu'il ne voit d'autre moyen d'anéantir la superstition qu'en faisant fermer les portes du Temple, d'en prendre les clés au bedeau et au curé.* Celui-ci demeuré seul prêtre dans le pays, les vicaires ayant émigré, demanda à la société populaire à quelle heure on voulait la messe ? A 9 heure lui fut-il répondu et il faut la sonner. Dénoncé pour ce fait au comité de surveillance, il lui fut enjoint de ne plus dire la messe désormais. (15 janvier 1794). Toujours sur la proposition du maire, il fut arrêté qu'il serait fait une inscription portant: *Temple de la Raison,* pour être placée sur le frontispice de la ci-devant Église St-Pierre. Cette inscription est encore visible aujourd'hui sous le badigeon. Non seulement on interdit au curé de dire la messe, mais le port du costume ecclésiastique fut également défendu, et les bons chrétiens, car il en existe toujours, même aux époques les plus troublées, durent se cacher et donnèrent eux-mêmes le saint baptême à leurs enfants. Le 31 janvier 1794 fut donné pour la première fois, en cachette, le baptême au presbytère. Nous trouvons dans les registres cette mention :

ondoyé à la maison, *faute de prêtre.* La foi était encore bien vivace dans les cœurs, puisque le 11 décembre précédent, le fameux Timoléon permit qu'on baptisât son fils à l'Église, l'enfant reçut les noms de son père, Pierre Florentin Roy, car le curé refusa celui de Timoléon.

Cette date du mois de décembre nous amène à parler de la suppression de la messe de minuit. Il avait été signifié au curé de ne point occasionner aucun rassemblement de nuit sous prétexte de culte religieux, sous peine d'être poursuivi comme rebelle aux lois de la République et puni comme tel. Un citoyen courageux dont nous aimons à citer le nom, le sieur Destoret, protesta vivement contre cet arrêté. Il traita même le Procureur de la commune de *s. gueux! s. coquin!* « *Tu verras, dit-il, que ça te portera malheur!* » Arrêté aussitôt, et écroué à la geôle il fut bientôt relaché du reste, après avoir présenté des excuses.

Vers la fin de ce même mois de décembre, on célébra une fête pour la reprise de la ville de Toulon. Sur la place du Marché, on éleva un monument représentant la Montagne, auquel monument étaient adossés 2 autels, l'un, dédié à la Victoire; l'autre, à la Liberté. En face de la Montagne, fut également élevée une pyramide à la mémoire des martyrs de la liberté : Marat et Le Pelletier. Le canon annonça la fête; un détachement de la gendarmerie ouvrait la marche, 100 volontaires en bonne tenue, précédés des tambours, formaient la haie, la musique exécutait des hymnes patriotiques. La victoire *représentée sous les traits enchanteurs de la jeunesse et de la beauté* (sic) était portée sur un char de triomphe. Elle était armée d'une pique avec cette inscription : « *Je me range sous les drapeaux de la Liberté!* » Autour du char se tenaient de jeunes citoyennes vêtues de blanc portant l'écharpe tricolore et

9

tenant des banderolles avec ces inscriptions : « *Nous ne voulons que des guerriers!* ». « *Nos cœurs seront le prix du courage!* ». « *Vive la Montagne!* ». « *Vive les héros de Toulon!* ». On fit une station à chaque monument, puis au Temple, et les chants et les discours abondèrent comme toujours. Comme les bras manquaient pour organiser tous les préparatifs de cette fête, chaque citoyen fut obligé de se faire remplacer à ses frais par des volontaires. On fit en plus une quête supplémentaire pour les indigents et pour tous ceux qui avaient pris part à la décoration des monuments.

Cette fête termina dignement l'année, à jamais maudite, de 1793.

L'année suivante commença par la célébration solennelle du *décadi*, qui avait remplacé le Dimanche. Comme ce jour devait être un jour de repos, tous les travaux cessèrent, les boutiques et les ateliers furent fermés. On envoya une députation aux Jacobins de Paris pour les inviter à cette fête. On leur fit un grand banquet dans le Temple de la Raison et malgré la quête, faite pour payer les frais de cette noce, chacun apporta son dîner. Il y eut un supplément de viande qui fut reçu avec transport, vu la disette générale. Signalons au menu : 5 pâtés de 2 pieds 1/2 de la valeur de 40 livres, 5 gigots de moutons, 5 langues de bœuf fourré, etc., etc. On ne songea pas à utiliser le grand orgue, car la veille, on était allé chercher 15 musiciens du dépôt de la garde nationale parisienne, rue St-Joseph. Ils avaient logé chez les citoyens. Le banquet eut lieu devant la statue de J. J. Rousseau, entourée de vases de parfums, et au dessert, on vint inaugurer solennellement la Fontaine St-Pierre désormais consacrée au grand Jean Jacques! Mentionnons seulement pour être bref, l'ordre de cette fête :

1° La gendarmerie, 2° les tambours, 3° 350 hommes sur 6 de front, 4° les droits de l'homme portés par un sans-culotte en bonnet rouge. 5° les citoyens et citoyennes se tenant par le bras. 6° la musique, 7° les corps constitués, 8° le buste de la liberté, ceux de Marat, Le Pelletier et Chaslier, 9° le char traîné par 4 chevaux sur lequel étaient montées 3 jeunes citoyennes de St-Nicolas représentant la Liberté, l'Egalité et la Raison! 10° Un peloton de volontaires et des gendarmes pour fermer la marche! Voilà où en étaient venus les Gonessiens! « La Raison humaine, a dit à ce sujet le P. Lacordaire, mais c'est la dernière divinité de ce monde! » Après cette cavalcade, il y eut bien entendu, des hymnes, des discours, des cris de Vive la Montagne. Vivent les Jacobins, danses et feux d'artifice! Les 3 pauvres jeunes filles, dont l'une, paraît-il, était institutrice, finirent toutes misérablement, et l'on remarqua plus tard, que tous ceux qui s'étaient distingués particulièrement par leurs excès moururent de mort violente. Le peuple, revenu à de meilleurs sentiments, reconnut là la main de Dieu et conserve encore aujourd'hui en même temps que le souvenir des crimes, le souvenir plus frappant des châtiments.

C'est ainsi que fut institué à Gonesse le décadi. Quand les marchés tombaient un jour de décadi on les renvoyait au mardi et au jeudi. C'est à cette époque, 2 floréal (avril 94) que M. Jollivet est mis en prison, les scellés sont mis sur ses meubles et ses effets, et le presbytère sert de résidence au comité de surveillance; on veut y établir également une bibliothèque cantonale, mais devant l'opposition du district qui la voulait à Emile (Montmorency) cette bibliothèque, pour couper court à la dispute, fut définitivement établie à Ecouen. On fut si content de cette fête du décadi que la semaine suivante, plusieurs Gonessiens allèrent la célébrer encore à Aulnay (20 ventôse II) avec autant de tapage et de folies.

Une nouvelle fête fut organisée aussi le 20 prairial en l'honneur de l'Être suprême; il fallait bien se distinguer et imiter la capitale. Pour cela on termina le pavage du Temple de la Raison. Il est piquant de voir que c'est à la Révolution qu'on doit le dallage complet de l'Eglise, il est vrai qu'alors le lieu saint est devenu l'immeuble de la nation; l'oriflamme qui est sur le clocher, et un autre sur le portail devant l'inscription, l'indiquent assez. On fit de grands préparatifs pour cette fête. Dans le temple on dressa, face à la chaire, un autel de 4 pieds carrés, avec plusieurs gradins sur lesquels furent disposés divers objets devant servir au nouveau culte, savoir : 1 vase, une éponge, une demi-bouteille d'esprit de vin pour le feu sacré, 2 cassolettes pour l'encens et un petit réchaud de braise, allumé et entretenu par un maître de cérémonie dont le nom n'est malheureusement pas cité.

Tout autour de l'autel en forme de fer à cheval on avait installé des sièges pour la Municipalité. Le cortège fut organisé comme d'ordinaire, sauf, en plus, quelques dispositions nouvelles sentant quelque peu la pastorale; 12 jeunes garçons et 12 jeunes filles en blanc, décorés de rubans tricolores, tenaient avec modestie (sic) chacun une corbeille de fleurs et de fruits ; puis venaient des cultivateurs tenant des bouquets de branches vertes, d'épis de blé liés avec art par de légers rubans . . . . etc. On fit le tour de la Montagne et de l'Obélisque, érigés sur la place du Marché et à chacun de ces deux monuments symboliques fut prononcé un discours emphatique et déclamatoire, où il était question des martyrs, des Autrichiens, des Prussiens, des Anglais et des émigrés. Quelques pas plus loin, à la Montagne, deuxième discours. Cette fois c'est une invocation à l'Être suprême; on y entendait des phrases comme celles-ci : « *O conservateur de la liberté écarte le plomb de leur tête!* *O Être des êtres puisse leur inaltérable bonheur s'identifier à ton essence infinie !*. Il s'agit bien entendu des bons sans-culottes, des vrais, des purs, comme Timoléon par exemple ! Enfin, entrés dans le Temple de la Raison, on entendit le troisième discours où l'orateur démontrait l'existence de l'Être suprême et l'immatérialité de l'âme. S'arrêtant parfois pour lancer une véhémente apostrophe dans le style de J. B. Rousseau : « *Astre radieux, s'écriait-t-il, en s'adressant au soleil, qui t'a donné ces lois ? qui t'élança dans la vaste étendue de l'olympe ? dis-nous qui a fixé cet ordre invariable, cette constante harmonie . . . . , etc ?* » Puis s'adressant aux nourrices qui étaient venues voir la cérémonie avec leurs enfants dans leurs bras : « *Offrez à l'Eternel ces jeunes citoyens fruits précieux de l'amour conjugal, puissent-ils ne vivre que pour la République !* » Enfin ce stupéfiant discours finit par des anathèmes aux phalanges étrangères, au Pitt, au Cobourg, aux tyrans ; « *Oui, citoyens, que l'extraction de la poudre soit notre occupation chérie, et que la devise des Gonessiens soit à jamais:grâce à l'Eternel ! soumissions aux lois, mort aux tyrans ! Vive la République !* » Ainsi se passa à Gonesse et dans la vieille Eglise St-Pierre, la fête de l'Être suprème. Cette fois on ne dérangea pas les musiciens de Paris, on se servit du grand orgue et la Carmagnole et le Ça ira remplacèrent, sous les doigts de Jean Sébastien Mouchy, les doux cantiques et les pieuses mélodies d'autrefois. C'est dans le Temple également, que fut faite le 20 fructidor, une quête prescrite dans le département pour fournir un vaisseau. Le district tout entier produisit 2,446 livres 10 sols, et Seine-et-Oise peut à bon droit s'enorgueillir de son navire, car il a laissé un souvenir impérissable dans les annales de la marine française ; nous avons nommé *Le Vengeur !* qui préféra s'engloutir dans les flots au chant de la Marseillaise, plutôt que d'amener son pavillon. Pendant que ces actes d'héroïsme se passaient, à l'intérieur on était toujours sous le régime de la terreur et de la suspicion. Les prêtres, les religieux, les nobles sont en prison. Nous n'avons vu nulle part, heureusement, que la guillotine ait fait quelques victimes parmi les Gonessiens. Les nobles, du reste, avaient émigré pour la plupart, comme les Caraman de Roissy. Quelques-uns étaient restés cependant, et se tenaient bien cachés, car à la poste arrivèrent des lettres pour MM. de Laval et Mathieu Paul Louis de Montmorency. Comme c'était des gens plus que suspects, les lettres furent après lecture mises au rebut. La Convention fut un jour avertie qu'à Gonesse circulaient des feuilles injurieuses contre Robespierre, les Montagnards et les meilleurs Jacobins; une enquête fut ordonnée, mais elle n'aboutit à rien. Toutefois, pour faire preuve de bonne volonté, on envoya au district les fers, cuivres et plombs provenant de l'Oratoire et du Temple. Il y avait pour 1645 livres de cuivre, 2550 de fer, 40 d'étain et 71 de plomb. On fut obligé de modérer ce zèle si ardent. Voici la lettre que reçut la municipalité à ce sujet:

« Jusqu'alors, citoyens, c'est toujours avec une satisfaction bien douce que nous avons vu un grand nombre de communes de notre arrondissement porter à la Convention nationale, soit les dépouilles de leurs Églises, soit leurs offrandes personnelles. Ces élans généreux annoncent suffisamment les bons principes qui animent tous les cœurs; mais la Convention en y applaudissant a cependant cru devoir les modérer. C'est ce qu'elle a fait par son décret du 19 nivôse dernier. Il porte que dorénavant les communes feront le dépôt de leurs dons auprès des corps administratifs. La sagesse de ce décret est bien frappante, vous ne pouvez vous dissimuler, citoyens, que les démarches auprès de la Convention entraînent toujours dans de fortes dépenses, tant par les frais de transport que par la perte du temps des commissaires nommés pour effectuer les dits dépôts, ce qui atténue singulièrement la valeur des offrandes. Nous aimons donc à vous persuader que vous vous ferez un devoir de vous conformer au décret sus-énoncé en apportant désormais au district tous les objets que vos âmes généreuses destinent à la République

Salut et Fraternité. »

Mentionnons encore un autre fait important qui donna lieu à de nouvelles réjouissances. La Convention avait décidé de mettre au Panthéon les cendres de J. J. Rousseau. Ce fut un cortège triomphal Les restes de cet écrivain séjournèrent à Gonesse. On alla en procession jusqu'à la *patte d'oie*. Là avait été dressé un arc de triomphe tout en verdure. Des jeunes filles en blanc faisaient escorte autour du char qui fut déposé sur la place du Marché, sous un berceau de cyprès orné de guirlandes de chênes. Ce berceau avait été préparé à cet effet entre la montagne et l'arbre de la Liberté. Ce fut alors une scène d'enthousiasme indescriptible: la populace de Gonesse et des environs faisait retentir l'air, non seulement des chants révolutionnaires bien connus, mais encore de nouvelles hymnes composées par le citoyen Fromentin, un des gros bonnets républicains; le soir un repas fraternel fut offert par le citoyen Sollier, maire et ancien notaire. Enfin un groupe de citoyens accompagna le cortège jusqu'à Arnouville et de là à Emile (Montmorency). Ils s'attendaient en revenant à être récompensés de leurs démonstrations, mais on leur dit que l'honneur d'avoir accompagné le grand Jean-Jacques devait leur tenir lieu de récompense !

La journée du 9 thermidor qui vit tomber Robespierre et ses satellites, est une des plus remarquables de l'histoire de la Révolution. Elle clôt la Terreur dans Paris et dans la France entière. A Gonesse on rédige quatre jours après (13 thermidor) une adresse à la Convention pour la féliciter d'avoir échappé à un monstre exécrable. Ce qui n'empêchait pas, quelque temps auparavant, la municipalité Gonessienne d'applaudir les discours dudit monstre que le maire prononçait en chaire dans le temple de la Raison. L'opportunisme est de toutes les époques, on le voit. L'anniversaire du 10 Août fut encore célébré et avec plus de joie, car les portes de la geôle s'étaient ouvertes sur une foule de suspects. M. Jollivet rentre au presbytère, le 21 thermidor, à la grande joie des bons citoyens: il demande et on lui accorde un certificat de civisme, à condition qu'il évacuera le presbytère dans deux décades. Le 14 fructidor, il se présente en personne au conseil du district, et demande à régler le compte de ses avances et honoraires qui lui sont dûs et qui montent à la somme de 1744 livres 4 sols.

Son attitude jointe à la crainte de la réaction qui commence à se manifester, fait qu'on lui accorde tout ce qu'il veut. De plus il demande à rester 6 mois au presbytère en payant le loyer, vu que la maison qu'il doit habiter a besoin de réparations urgentes. Le presbytère d'ailleurs, n'est guère logeable, lui aussi, les bâtiments sont vieux et occupés par le comité de surveillance, quant au jardin on l'a loué 160 livres au citoyen Braier. M. Jollivet le upérisa; il se contenta d'être toléré et espéra que les beaux jours ne tarderaient pas à revenir, il eut raison. Le 17 ventôse, en effet, on commence à démolir les monuments du marché, la Montagne, l'Obélisque, les autels; le tombeau de Marat situé à la croix des ormes est aussi démoli. Chez les ouvriers on constate une fermentation sourde qui peut éclater d'un moment à l'autre, en particulier chez les charretiers et les batteurs. Ils paraissent décidés à fêter et à chômer le dimanche, et à travailler les jours de décade. On considère la démarche qu'ils font en ce sens comme contre-révolutionnaire, mais disent-ils, à Thillay, à Goussainville et ailleurs, les ouvriers fêtent le dimanche comme par le passé. Les citoyens et citoyennes de Gonesse veulent qu'on sonne l'office, attendu la tolérance dont on jouit aux alentours. On leur refuse. Alors le 1er germinal an III, grand tumulte à l'assemblée populaire; on demande les clés du Temple, on veut entendre la messe dès demain. En vain les commissaires représentent-ils que c'est contraire à la loi. Le peuple est le maître ! Alors le conseil considérant que l'on a repris l'exercice du culte en maints endroits, même qu'un évêque constitutionnel a officié pontificalement à Émile (Montmorency), qu'un grand nombre de citoyens et de citoyennes manifestent à haute voix leurs désirs, qu'il est prudent d'y accéder, arrête : Les clés seront rendus et le Temple rouvert au culte. Le peuple fait aussitôt retentir sa joie et crie Vive la République ! M. Jollivet vient alors déclarer qu'il est ministre de la religion chrétienne, et qu'il veut en exercer les fonctions dans cette commune, ajoutant qu'il s'est toujours soumis aux lois. On lui rend les clés aussitôt et dès le lendemain, la messe est dite à St-Pierre (mars 1795). La terreur est finie à Gonesse; mais que de ruines matérielles et morales surtout ! On pense dans quelles idées fut élevée la jeunesse pendant cette triste période ! les écoles ne chômèrent point. L'hôtel-Dieu possédait une école de filles fondée par M. de Machault où avaient été déposés les malades en 1792. En plus de cette école, il en existait une autre, qui avait pour directrice la citoyenne Laperrière, en floréal 1794. Cette institutrice était imbue des idées nouvelles et les inspirait à ses élèves ; c'est elle qui fournit probablement les jeunes citoyennes que nous avons vues vêtues de blanc dans toutes les fêtes révolutionnaires. Elle se plaignit un jour au district qu'une ci-devant sœur, la citoyenne Dubois, faisait de la propagande religieuse, agissait sur les parents et lui retirait des élèves, elle produisit ses témoins, c'était de pures sans-culottes, ayant une conduite plus qu'équivoque; on n'eut donc aucun égard à sa plainte et la religieuse put faire encore du bien en cachette, revêtue d'habits laïques. A peu près vers le même temps (7 germinal II) le citoyen Philippe Pierre Plé fut reçu maître d'école à la condition qu'il donnerait à ses élèves des principes républicains ; sa femme Marie Angélique qui avait demandé à être aussi institutrice, ne fut pas agréée; on lui objecta les inconvénients de la coéducation ? Il est aussi question d'un sieur Mouton, instituteur, probablement sur l'ancienne paroisse St-Nicolas. Le 6 vendémiaire IV, il leur fut donné pour le traitement de leur trimestre de messidor (juillet août, septembre): Au sieur Plé 315 livres pour 189 élèves. Au sieur Mouton 340 livres pour 204 et à l'institutrice Laperrière 233 livres 15 sols pour 187 élèves.

L'inspection de ces écoles incombait alors au maire et au procureur de la commune. On réunissait au temple, les enfants ; on lisait les lois et les bulletins de la Convention, les discours de Robespierre et on interrogeait instituteurs et élèves sur des objets d'instruction publique. Les classes étaient tenues de 9 heures à midi et de 2 heures à 5 heures avec congé tous les quintidis (5e jour).

Lors de la réaction après la chute de Robespierre, la citoyenne Laperrière demanda ce qu'elle devait faire; dans l'embarras où elle se trouvait, devait-elle observer le dimanche ou le décadi ? Quel jour ouvrir ou fermer l'école ? attendu que les pères et mères ne veulent plus décidément envoyer leurs enfants à l'école le dimanche, mais ils veulent bien le décadi. De plus, la plupart refusent de laisser entre les mains des enfants les livres élémentaires de la République, mais ils veulent de ceux qui ont rapport à la religion chrétienne qu'ils professent.

On lui répondit d'observer la loi; Gonesse tous les jours se couvrait d'affiches, de placards, on répandait des brochures sur la liberté du culte. On alla si loin dans les revendications des libertés passées, qu'un membre s'écria en plein comité, lors de la reddition de l'Eglise au culte : « *Vous voyez, citoyens, que le fanatisme va employer la violence pour parvenir à recouvrer la jouissance d'un local déclaré national par la loi, vous êtes usés, finis, démissionnez donc !* » Les braves Gonessiens sont revenus au bon sens ; ils se dégoûtent du calendrier républicain, les jours de marchés sont rétablis suivant l'ancien style. On va conspuer l'ancien maire qui n'a pas voulu loger chez lui un militaire pour ne pas salir ses brillants appartements, lui qui ne doit sa fortune brillante qu'à la République !

On supprime la salpêtrière établie dans l'Oratoire en mai 1794. Les prêtres et les religieux commencent à se montrer. Le R. P. Poirson, ex-religieux dominicain, veut dire la messe à l'Hospice, on n'ose l'en empêcher. L'abbé Dupart veut exercer le culte à Bonneuil et l'abbé Lesueur à Goussainville : on se contente de leur serment d'obéissance et de soumission aux lois de la République et on les laisse libres. Les bons citoyens blessés de voir l'inscription « Temple de la Raison » sur l'Eglise, on charge le citoyen Simon Martial Bunet de l'effacer, et on lui vote pour cela 200 livres. Greinel l'ancien bedeau, qui s'est improvisé concierge du Temple pendant les folies révolutionnaires reçoit 100 livres d'indemnité. Enfin les émigrés reviennent ; nous voyons alors Jacques Gaché venir de Thillay, et Pierre Millet l'ancien serrurier, rouvrir sa boutique. Les révolutionnaires avaient oublié de payer toutes leurs dettes ; on présenta le 6 vendémiaire IV un mémoire pour la suppression des signes dits, dans le temps, de fanatisme, qui existaient au haut des tours du Temple. Ce mémoire fut refusé. Cette même année 1795 vit aussi la suppression de la société populaire, ainsi que de la municipalité, qui furent remplacées par un agent de la commune. L'année suivante mourait Monsieur Jollivet après une vie bien agitée pendant les 35 années de son ministère pastoral à Gonesse. Il léguait à la commune sa bibliothèque et tous ses livres, sauf 23 volumes, Bossuet et Fénelon, et aux pauvres tout l'arriéré du traitement qui lui était dû comme curé. A la nouvelle de sa mort, l'abbé Déchard, son ancien vicaire et enfant du pays, vint prendre la direction du culte. Presque en même temps, l'abbé Augustin Jean Charles Clément, qui fut un moment évêque de Seine-et-Oise, vint s'établir quelque temps à Gonesse. Les offices religieux sont remis en honneur et en 1797 on montre au doigt un citoyen et une citoyenne qui ne sont mariés que civilement. L'Église St-Pierre commence à être réparée et à s'embellir. On paie 94 livres au sieur Bunet, vitrier, pour la réparation des vitraux.

Les quêtes sont reprises pour les frais du culte. Citons ici quelques noms connus:

Du 30 Septembre 1797, quête de la citoyenne Aubry, qui produit 9 livres 14 sols.

28 Janvier 1798, item. Gremel, bedeau, 10 sols.

26 Février, item. Montalant, 8 livres 17 sols.

20 Août, item. Rosalie Plé, 9 livres 13 sols.

30 Octobre, item. Adélaïde Ferry, 8 livres.

9 Avril 1799, item. Destorel, 1 livre 1 sol.

9 Août, item. Levasseur, 8 livres 2 sols.

31 Décembre, item. Delion, 12 livres.

28 Octobre 1799, item. Mademoiselle Ledoux, 10 livres 6 sols

20 Septembre, item. Mademoiselle Commelin, du Vieux Marché, 10 livres 11 sols, etc., etc.

Cependant le 21 Ventôse, an VII, (Février 1799) le Directoire reproche au citoyen Sollier, maire, d'avoir assisté à une cérémonie du culte; un sieur Piat l'a dénoncé comme ayant assisté aux obsèques de l'agent du chef-lieu, avec des insignes. Voici la lettre curieuse que nous avons trouvée aux archives à ce sujet :

« Le commissaire du pouvoir exécutif près l'administration centrale du département que le ministre a chargé de prendre des renseignements répond que les faits sont exacts, mais que le maire n'a agi que par inconsidération, impulsion machinale; d'ailleurs il n'a pas pris part au culte puisque il s'est mis dans un coin pour causer. C'est un bon républicain, aimant si peu les prêtres, qu'il y a plus de 10 ans qu'il n'a pas été à la messe ». Par ces considérations, le commissaire semble pencher vers l'indulgence. « Toutefois cette conduite de tous les fonctionnaires de l'ordre administratif d'un canton, est bien peu propre à assurer le succès des institutions républicaines, dit le Directoire, et une observation qui ne sera peut être pas déplacée ici, c'est que le département de Seine-et-Oise est un de ceux où tout annonce que ces institutions sont le moins en vigueur ce qui doit d'autant plus étonner que ce département est limitrophe de Paris! Quant à l'administration municipale, dans le nombre des individus qui la compose, il s'en trouve bien deux ou trois peu instruits qui assistent aux cérémonies du culte les jours appelés dimanches . . . . »

Il est vrai qu'alors les Eglises ne sont pas encore officiellement rouvertes, le concordat n'est pas signé, Napoléon n'est pas encore sacré à Notre-Dame! Nous avons cité cette lettre, parce qu'elle est à l'honneur du département et des Gonessiens. — Ce n'était pas là le seul grief que l'on eut à reprocher au citoyen Sollier.

Après la mort de Monsieur Jollivet, le bruit s'était répandu parmi quelques femmes, que feu Monsieur le curé revenait à minuit dire la messe à la chapelle de la Madeleine. Le meilleur moyen de détruire cette superstition, était de la faire vérifier. Le maire livra donc les clés de cette chapelle abandonnée, et il fut pour cela accusé de prêter les mains à l'exercice du culte.

« *Tout était tranquille dans la commune*, ajoute le dénonciateur Pial, *depuis la disparition du régime révolutionnaire. Le culte catholique se pratiquait sans violence avec cette décence et cette harmonie qui prouvent et la modestie du ministre de ce culte (l'abbé Déchard) et la confiance de la majorité de la commune, en lui. Mais l'administration pour le vexer a fait élever en planches et bois de chêne dans le chœur de l'Eglise St-Pierre, un espèce de théâtre, c'est le seul nom qu'on puisse donner, auquel il faut monter 3 ou 4 marches, dans l'intention d'y établir le culte théophilanthropique et qui n'a pas été établi grâce au 18 et 19 brumaire . . . . . (novembre 1799).* »

Cet insuccès du nouveau culte, est, du reste, général, on revient partout à la vieille religion de nos pères; les anciennes coutumes se rétablissent peu à peu. Le maire a beau défendre à l'abbé Déchard d'écrire des notes sur l'état religieux des citoyens, les registres de baptême n'en sont pas moins tenus et nous voyons qu'en l'année 1798 il y eut sur 98 naissances, 32 enfants baptisés par M. Jollivet; les années suivantes le nombre des baptêmes va en progressant, et enfin, en 1799 tous les enfants sont baptisés comme autrefois. C'est de cette année qu'on établit l'usage de sonner la grosse cloche de St-Pierre 4 fois par jour à 5 h., 11 h., 1 h. et 7 h. L'année 1800 ne nous offre rien de bien saillant, il est inutile de mentionner la fête du 14 juillet qui se célébrait encore et qui cette année là fut troublée par une pluie torrentielle. En 1802 la nouvelle du traité d'Amiens fut reçue avec enthousiasme, par les Gonessiens, il y eut cavalcade, cortège municipal, musique; dans

toutes les places et dans les rues de la ville on criait: *Vive la paix!*
Vive Bonaparte! Vivent les trois consuls! On chanta le Te Deum
à St-Pierre; l'antique Église était trop petite pour contenir le
grand nombre des Gonessiens qui se pressaient en foule, mais non
plus cette fois pour les orgies révolutionnaires. Les Gonessiens sont
revenus au bon sens, à la saine raison, au Dieu de leurs pères! On
ne s'appelle plus, *citoyen, citoyenne,* mais un décret du 8 messidor
XII rétablit l'appellation de *Monsieur;* la vieille politesse française
renaît.

Le 16 Novembre 1802, l'abbé Déchard est nommé curé de St-
Leu-Taverny et le nouvel évêque de Versailles, Mgr Charrier
de la Roche, nomme pour le remplacer M. Nicolas Antoine Jean Denis
Le 27 brumaire, an XI, il y avait à trois heures de l'après midi, un
grand concours de peuple sur la place du marché; deux prêtres du
diocèse de Meaux, délégués par l'évêque de Versailles, venaient
pour installer solennellement le nouveau pasteur. L'abbé Denis eut
à cœur de relever les ruines que la Révolution avait faites dans les
consciences, et il y réussit si bien, que sa mémoire est encore bien
vivante à Gonesse; nombreux sont les foyers, qui possèdent le portrait du bon curé Denis, comme l'appellent encore quelques
vieillards.

Son premier soin, après le rétablissement des marguilliers, fut
de réparer et d'embellir l'Église, qui avait tant souffert des impiétés
de 1793.

On fit une quête dans les rues, pendant quelque temps, pour les
frais du culte. Cette quête dut être fructueuse, car deux mille
francs furent employés pour les travaux de l'Église.

Le 28 mars 1805, par l'intermédiaire du cardinal Caprara, M.

Denis obtenait du pape Pie VII, des reliques de la vraie croix et une indulgence plénière pour la paroisse. Le 7 Décembre de cette même année, il organisait une grande cérémonie religieuse pour l'anniversaire du sacre de l'empereur et à l'occasion de la victoire d'Austerlitz. Le cortège municipal sortit de la mairie et se rendit à l'Église pour assister à la grand'messe. Il y eut un discours de M. le curé et un *Te Deum* d'actions de grâces pour les victoires remportées par nos armes. Le soir, Gonesse était tout illuminé, on dansa toute la nuit, la joie patriotique la plus vive régnait dans tous les cœurs.

L'année suivante, M. Denis reconnaissant de l'accueil qu'on lui avait fait à son arrivée, se rendait au devant d'un nouveau maire, installé solennellement par le sous-préfet et leur adressait un discours de bienvenue. Lors d'un grand incendie qui éclata au mois de septembre de cette année, rue Basse St-Pierre, Monsieur Denis soulageait de sa bourse les sinistrés. La lettre suivante du 9 mars 1810, nous le montre encore s'efforçant de faire rentrer l'Église dans ses biens. Il écrivait à l'empereur :

SIRE,

Le roi Louis XV en 1750 fit demander à la fabrique la place du Marché dont l'Église jouissait depuis cinq siècles; elle lui fut accordée moyennant une rente foncière, perpétuelle, exempte de toute imposition, destinée au paiement de deux prêtres, perçue jusques et y compris l'an 1792. A cette époque la commune s'en est emparée et reçoit seule le produit au préjudice de l'Église.

Malgré les réclamations des marguilliers, un arrêté du département en date du 9 Mai 1809 la maintient dans ses possessions. Vous le savez, Sire, une rente foncière est naturellement représentative du fonds et en tient lieu. N'étant plus payée, la propriété retourne de droit aux anciens possesseurs. La place est donnée à titre gratuit à la commune qui a beaucoup gagné à la révolution, elle est ôtée à la fabrique qui a tout perdu. Le gouvernement n'en tire plus aucun avantage. La paroisse a absolument besoin d'un second et troisième prêtre. Ce, considéré, il plaise à Votre Majesté d'ordonner la restitution pleine et entière, ou du moins, puisque la place est nécessaire à la commune pour ses foires et marchés, que le produit actuel, et pour l'avenir, soit partagé par portions égales entre elle et la fabrique.

Le curé et son peuple offrent leurs vœux au ciel . . . etc.

DENIS, curé

L'empereur et l'impératrice Marie Louise séjournèrent à Gonesse vers 1811, on dit même qu'ils furent reçus dans le vieil Hôtel-Dieu de Pierre de Thillay. Quoiqu'il en soit un Gonessien qui cumulait les fonctions de médecin et de poète (¹) disait à ce sujet en 1810 en rappelant ce séjour.

Napoléon le Grand et son auguste épouse
S'arrêtent sur le Crould, la Seine en est jalouse
Le peuple sur ses bords accourt en un instant
À ces grands souverains, il fait un compliment
Leur présente ses vœux ainsi que sa devise
Et reçoit en échange un salut de Louise

C'est le même médecin-poète qui écrivait au sujet de M. Denis, ces quelques lignes pour mettre au bas de son portrait :

Pour porter ses brebis au séjour d'allégresse
Ce pasteur ne sent plus le poids de sa vieillesse
Denis par ses vertus, chez nous est immortel
Dès ce monde, il jouit du bonheur éternel
Il possède vraiment l'esprit de l'Evangile
Sa couronne l'attend dans le céleste asile.

(¹) Le Docteur Liénard

Mentionnons enfin, pour terminer ce chapitre, la fondation de la pension Plé, en face de l'Eglise St-Pierre. Cette maison, aujourd'hui sous la direction de M. E. Cavillon, a eu depuis sa fondation en 1812, de nombreux élèves. Elle a eu l'honneur de donner quatre prêtres au diocèse.

Nous allons maintenant, dans le chapitre suivant, résumer brièvement les principaux faits de l'époque contemporaine.

Chapitre VII

GONESSE A L'ÉPOQUE CONTEMPORAINE
1815-1895

L'Invasion — Séjour de Wellington — Mort de M. Denis — Derniers curés de Gonesse — Embellissements et réparations à l'Église; Vitraux Autels, Orgues, Cloches. — L'Invasion de 1870-71. — Gonesse à l'époque actuelle

---

Nous commencerons notre chapitre, par le tableau de la situation de Gonesse, lors de l'invasion des armées alliées.

Pendant la campagne de France de 1814, les prussiens et les cosaques firent beaucoup de dégats et de pillages; le trésorier ne put rendre ses comptes, car les prussiens avaient tout détruit chez lui. Nous trouvons dans les registres d'inhumation cette mention : L'an 1814, le 17 mars ont été inhumés au cimetière de cette paroisse en présence d'un grand nombre de témoins, quatre jeunes conscrits revenant de la bataille de Craone, dont deux ont été trouvés morts dans la voiture de transport la surveille, n'ayant sur eux aucun papier indicatif de leur nom, ni de leur pays, ni de leur régiment. Et les deux autres transportés à l'hospice, sans connaissance, sont décédés la veille ; tout ce qu'on a pu tirer d'eux c'est qu'ils ont dit qu'ils étaient des environs de Paris, à cinq lieues au-dessus de cette capitale. Les jours suivants, on trouve encore de pauvres soldats sur la route d'Aulnay ; une dizaine environ pendant l'année 1814 s'en viennent mourir à l'hospice ; quelques-uns de ces pauvres conscrits n'avaient pas 18 ans !

Le 18 juin 1815 le maréchal Grouchy arriva à Gonesse à la tête de 40,000 hommes, avec cent vingt pièces d'artillerie ; mais déjà Napoléon avait abdiqué, et le 2 juillet, le duc de Wellington établit à Gonesse son quartier général. Il y reçut le 4, M. Macirone agent du duc d'Otrante, et qui apportait une note ainsi conçue.

« L'armée résiste parce qu'elle est inquiète ; qu'on lui donne des garanties, elle se soumettra. Les chambres sont en opposition sur les mêmes motifs ; donnez des garanties à tout le monde, et chacun sera pour vous » Le duc de Wellington dicta la réponse suivante : « Je pense que les alliés ayant déclaré le gouvernement de Napoléon une usurpation, et non légitime ; toute autorité qui émane de lui doit être regardée comme nulle et d'aucun pouvoir ; ainsi ce qui reste à faire aux Chambres et à la Commission provisoire c'est de donner tout de suite leur démission et de déclarer qu'elles n'ont pris sur elles la responsabilité du gouvernement que pour assurer la tranquillité publique et l'intégrité du royaume de S. M. Louis XVIII. »

Cette note rédigée dans la salle d'une ferme sur l'emplacement du vieux castel de Philippe Auguste, occupée aujourd'hui par la sucrerie de M. M. Télard (1), fut signée par les assistants, le prince de Talleyrand, sir Charles Stuart, Pozzo di Borgo, général russe, et le comte de Goltz, ministre de Prusse. Ils ratifièrent également une seconde note qui fut dictée à Macirone par Talleyrand:

(1) C'est là aussi, dit-on, qu'habita pendant quelque temps le maréchal Catinat, le héros de Staffarde et de la Marsaille (1637 - 1712).

« Le roi accordera toute l'ancienne charte, y compris l'abolition de la confiscation, l'appel immédiat des collèges électoraux pour la formation d'une nouvelle chambre, la liberté de la Presse, l'unité du Ministère, l'initiative réciproque des lois par message du côté du roi, et par proposition de la part des Chambres, l'hérédité de la Pairie. »

De Gonesse, Wellington se rendit le 5 juillet à Neuilly.

Le 23 juin Louis XVIII se trouvait à Gonesse où il resta deux heures ; deux personnages avaient arrêté sa voiture, c'était Macdonald et Hyde de Neuville. Ils informèrent sa Majesté, qu'elle ne devait pas songer à franchir la barrière de la capitale avant d'avoir pris Foucher pour ministre. Le roi délibéra sur une mesure dont devait dépendre le sort futur de la monarchie, il se décida enfin à accepter le duc d'Otrante. Lorsqu'on lui représenta que le régicide était peut-être un inconvénient, il répondit « C'est une frivolité ! » (Rorhbacher).

Citons maintenant deux vers du docteur Liénard au sujet de Charles X :

Gonesse vit souvent le faible Charles Dix
Ses carosses, ses chiens et ses chevaux de prix

C'est tout ce que nous savons du séjour de ce prince dans nos murs. Louis Philippe vint aussi à Gonesse en Novembre 1830, et donna un drapeau à la garde nationale.

Le poète Liénard (le seul que Gonesse puisse revendiquer) semble aussi insinuer que l'invasion de 1814 ne causa pas de trop grands dégâts dans le pays, grâce à quelques lots de draps qui furent donnés aux Russes pour se ménager leur bienveillance. (1)

(1) MM. Michaud et Poujoulat dans l'histoire des croisades, disent que dans leur voyage en Palestine et en Egypte, ils trouvèrent en un lieu de ces contrées, une femme de Gonesse, qui avait suivi, en qualité de cantinière, l'armée de Napoléon dans son expédition d'Egypte et qui était restée dans ce pays.

En 1816, M. Denis fit donner une mission qui eut les plus heureux résultats. En 1818, dans une grande salle de la ferme occupée aujourd'hui par la raffinerie de M.M. Tétard, il conduisait les enfants du catéchisme à une représentation de la Passion. Quelques bons vieux Gonessiens s'en souviennent encore.

Nous aimons aussi à signaler en 1824, un arrêté du maire de Gonesse ainsi conçu : « Vu les plaintes nombreuses qui ont été faites que des hommes indignes du nom d'époux et de pères qui vont dans les cabarets pour satisfaire leur passion dégradante de l'ivrognerie tandis que leur femme et leurs enfants sont privés par cette infâme conduite du fruit de leur travail ; arrête : L'hospice ne donnera aucun secours aux ivrognes ; les cabarets seront fermés à 9 heures du soir et pendant les offices religieux ; on ne donnera pas à boire aux enfants au-dessous de 16 ans. » Nous jugeons inutile d'ajouter le moindre commentaire au sujet de ces sages mesures.

Le 22 décembre 1828, M. Denis mourait, universellement regretté ; la fabrique se chargea de son tombeau et fit graver dans l'Eglise sur un des piliers du clocher une inscription de reconnaissance. Il fut remplacé par M. Bourgeois qui ne régit la paroisse que trois ans. Le 24 avril 1831, Mgr Borderies nommait pour lui succéder M. J. B. Dujardin, curé de Chanteloup.

La reine Amélie passant par Gonesse pour se rendre à Compiègne au mariage de la princesse Louise avec Léopold, roi des Belges, le curé de Gonesse profita de son passage pour lui demander quelques secours pour son Eglise et la prier de vouloir bien la mettre au rang de ceux qui participeraient aux bonnes œuvres qu'Elle ferait sans doute à l'occasion de cette alliance. Le curé reçut 300 fr. qu'il employa à l'achat d'une gloire dorée pour orner le dessus du maître autel. L'année suivante, il acheta de ses deniers, les statues de St-Pierre et de St-Paul que l'on voit aujourd'hui de chaque côté du sanctuaire. Un conscrit reconnaissant de son bon numéro, fit don à l'Eglise de la statue de Ste-Geneviève; on quêta dans tout Gonesse pour ériger un autel à cette statue; Madame Gâché mère, et Marcelline Gâché, sa bru, furent chargées de recueillir les fonds. La peinture de toute la boiserie fut faite gratuitement par le fils de Monsieur Bunet aîné; le tabernacle fut exécuté et donné par M. Frappart, fils, menuisier; lesquels se trouvant libérés du service militaire, voulurent s'associer à cette bonne œuvre.

En 1837 on rétablit la grande rosace au-dessus de l'orgue, que par motif d'économie on avait bouchée depuis la réouverture des Eglises. En 1838 fut donnée, par les enfants de la confirmation, la lampe du T. S. Sacrement. En 1839, réparations aux armoires de la sacristie qui coûtèrent 2,395 fr. 20, et don de 2 statues, par M. Déchard. Le 19 juillet 1840, un vol sacrilège eut lieu à St-Pierre, les voleurs entrèrent par la porte dite des hommes, prirent tout le linge d'Eglise, nappes, aubes, amicts; ils ne laissèrent que le coton, mais ils enlevèrent toute la toile, ainsi que les bijoux qui ornaient la Ste-Vierge et Ste-Geneviève. Ils ne purent pénétrer dans la sacristie, mais ils prirent dans le tabernacle un ciboire d'argent, après avoir versé sur le corporal toutes les hosties qu'il contenait. Une cérémonie expiatoire fut prescrite par Mgr Blanquart de Bailleul, le dimanche suivant.

Le 30 janvier 1841, Réception du grand orgue, réparé pour la somme de 4,375 fr. En 1843 et 1846, réparations au banc-d'œuv.e et construction du tambour à la porte de l'Eglise.

Le 21 mars 1847, M. J. B. F. Ledéchaux, curé de Sucy, est nommé doyen de Gonesse pour remplacer M. Dujardin, démissionnaire.

En 1855-56, réparations importantes à l'Eglise pour la somme de près de 50,000 francs.

En 1859, Erection du chemin de la croix et pose de vitraux provenant de dons particuliers, tels que : St-Fiacre, don des maraîchers ; St-Christophe, de M. Poiret ; Ste-Clotilde, de M. Tétard ; Ste-Barbe, de la compagnie des Sapeurs Pompiers ; St-Vincent de Paul, de l'Hospice ; Ste-Cécile, de la société Orphéonique ; Ste-Hélène, de M. Plé etc., etc. La pose de tous ces vitraux était terminée en 1872.

Le 17 septembre 1870, la garde prussienne vint camper autour de Gonesse, qui fut occupé militairement avec toutes les charges d'un pays envahi. Nous devons l'histoire de cette époque néfaste à un témoin oculaire, M. l'abbé Léger alors vicaire de Gonesse, nous le laissons raconter lui-même ses souvenirs :

Le 2 septembre 1870 une Compagnie de volontaires Français commandée par un capitaine entra à Gonesse vide de ses habitants ; ils s'installent partout, visitent les maisons, déjeunent largement, couchent dans les pensions et nous quittent après avoir pillé, avant l'arrivée de l'armée allemande. Le capitaine, interrogé, me répondait : « ce ne sont pas des soldats, nous ne sommes pas en sûreté avec eux. » Enfin ils sont partis. Quatre jours après, des éclaireurs allemands viennent se reposer au soleil dans les murs de Gonesse, face à la route d'Aulnay, je me trouvais alors dans une maison (Lepoivre). Vers 3 heures de l'après-midi l'armée allemande envahit la ville, je cherche à regagner ma demeure, j'éprouve de grandes difficultés, le flot de soldats roule plus vite que je ne marche ; partout sur ce parcours les volets, les portes fermées sont enfoncées. Arrivé chez moi, rue Pierre de Theillay, le vicariat comme les autres demeures était occupé. Cependant, en me voyant, ils se retirent. L'hospice était en même temps visité et occupé. Les malades sont enlevés de leur lit et portés à l'asile. Les allemands prennent possession de tout et ne laissent aux religieuses que leur dortoir et l'infirmerie. Alors M. le curé de Garges, l'abbé Mesnil, M. Maillard, économe, M. Layraud, médecin, et moi, nous nous renfermons à l'hospice. M. René Dubois vivait avec nous pour les commissions extérieures dont l'hospice avait besoin. Les grandes orphelines, sous la conduite de la sœur Elisabeth, étaient parties pour Riom. M. Maillard et Mademoiselle Léger les avaient accompagnées.

La veille de l'arrivée des Prussiens, des soldats Français avaient parcouru la plaine et mis le feu aux meules. Dans la même nuit, le feu fut mis à trois endroits différents du pays, chez M. Tétard, M. Boisseau et à la gendarmerie. Le pays devait brûler, mais le bon Dieu nous a préservés. Nous vivions ainsi au milieu des ennemis. Un jour d'Octobre, je vois arriver environ 300 mobiles prisonniers. Ils sont enfermés dans l'Église, nous leur portons de la nourriture; le lendemain matin, ils sont dirigés sur l'Allemagne; parmi eux se trouvait un enfant de Gonesse.

Les Prussiens établissent leurs ambulances dans l'ancien hospice, dans les pensions et dans la salle du restaurateur de la rue de Paris.

Les combats du Bourget, de Drancy nous amènent des blessés français et allemands, qui font assez bon ménage, couchés les uns à côté des autres; ils sont indistinctement soignés par les médecins allemands. Nous visitions ces ambulances 2 fois par jour, le matin et le soir, nous étions respectueusement reçus par tous, médecins et malades de toute catégorie. J'y ai rencontré de jeunes officiers bien chrétiens, se confessant et communiant plusieurs fois la semaine, j'ai vu un neveu du maréchal de Molke, protestant, très bien élevé, sa nièce nous adressa une lettre de remerciements. Nous étions forcés de conduire au cimetière tous les défunts indistinctement, le ministre protestant prussien nous priant d'agir ainsi : « Tous, même Dieu ! » disait-il.

Je ne dirai rien des différents combats du Bourget et de Drancy le feu commençait vers 9 heures du soir jusqu'à 11 heures. Un jour en janvier, les prussiens craignirent une sortie et les ambulances restèrent attelées toute la nuit, le matin seulement elles rentrèrent au poste ; ils avaient eu peur, et sans nous en douter, nous avions couru un grand danger, car ils avaient ordre de ne laisser aucun vivant derrière eux. Ils furent généralement bienveillants à notre égard; il est vrai que nous leur rendions de grands services. Nous étions sous la garde des médecins et n'avions rien à voir avec le commandant. Nous avons vécu de pommes de terre arrachées dans les champs et de viande fournie par les ennemis.

Le 10 janvier, je fus arrêté sous prétexte de signaux faits du clocher aux français du Bourget ; placé et gardé à vue sur les degrés de l'Eglise, j'entends les prussiens qui y sont entrés faire des fouilles un peu partout, ils ne trouvent rien, et sortent en me rendant la liberté. J'étais resté deux heures exposé à un froid terrible, mais ce fut tout......

Le pays était ruiné, rien ne peut être plus triste qu'un pays qui s'en va par morceaux tous les jours. Un jour que je parcourais les rues, je me vois suivi d'une foule de chats miaulant et cherchant leur maître; à l'aspect d'un soldat ils disparaissaient. Bientôt on n'en vit plus un seul. Les mangeurs de chandelle en ont-ils fait des gibelottes ?

Nous voici à l'armistice; nous l'avons appris avant qu'il ne fut publié, tous les allemands étaient au courant de ce qui se passait à Paris; nous en avons eu bien des preuves.

Pendant l'armistice, quelques habitants rentrent, mais quel tableau ! rien à manger, les maisons en ruine; l'hospice distribua longtemps à midi, un déjeuner à tous; du lard avait été acheté aux prussiens et nous avions des pommes de terre.

Les clefs de l'Eglise nous avaient été enlevées, et tous les dimanches, l'armée allemande, suivant sa foi, y assistait aux offices. Un jour un soldat allemand catholique fut puni par son capitaine, protestant, pour s'être soustrait à cette obligation.

Nous étions bien fatigués de ce voisinage, lorsque nous apprenons la Commune à Paris et que nous apercevons l'incendie. Là encore nous avions été avertis par les prussiens de ce qui se passait... J'omets ici des faits intimes, ils sont trop particuliers........

A partir de ce moment, nous ne pouvons plus que donner la nomenclature sèche des événements principaux de la paroisse.

3 mars 1872, M. Pierre Ernest Thibault, curé d'Ecouen, est nommé doyen de Gonesse.

6 Octobre, M. le curé fait connaître à MM. les fabriciens qu'une personne charitable donne à l'Eglise 100 chaises et prie-Dieu.

1874 La statue de St-Pierre est remise à sa place d'autrefois, devant le grand portail de l'Eglise.

1875 Une indemnité de 995 fr. est accordée à la fabrique pour les dommages causés par l'invasion prussienne.

Le 29 août de la même année, consécration d'un nouveau maître autel par Mgr de Marguerye, chanoine de St-Denis, délégué par Mgr Mabile, évêque de Versailles. Le même jour consécration d'un petit autel au fond de l'Église, et dédié aujourd'hui au Sacré-Cœur.

1880   L'État accorde à la commune 50,000 fr. pour la restauration de l'Église, à la condition qu'elle s'imposera ainsi que la fabrique pour 20,000 fr. Celle-ci offre le tiers, la commune refuse.

1882   L'indemnité de logement due et faite jusqu'alors au vicaire, est supprimée. Protestations à ce sujet.

Une loi rendue le 7 avril, ayant distrait du canton de Gonesse un certain nombre de communes pour en former un nouveau canton avec le Raincy pour chef u, Mgr l'évêque de Versailles voulant mettre la juridi on ecclésiastique en harmonie avec la juridiction c le, rend une ordonnance par laquelle les paroisses du Bao , Livry, Vaujours, Coubron, Montfermeil, Gagny, Neuilly-sur larne, Gournay-sur-Marne et Noisy-le-Grand, sont détach du doyenné de Gonesse et forment une nouvelle circonse ion cantonale et décanale. C'était un amoindrissement du ca n.

1883   Toutes les fondations tant anciennes que modernes sont gularisées par ordonnance épiscopale.

1884   Réparation totale de l'orgue. (voir p. 69).

1885   15 Février, M. l'abbé Justin Antoine Lempérier, venant d'Orsay est installé doyen de Gonesse par M. l'abbé Vié, archiprêtre de Pontoise, en remplacement de M. Pierre Ernest Thibault décédé le 30 Novembre 1884.

1886 14 Février. — Deux statues du Sacré Cœur et de St-Joseph don anonyme, sont bénites et placées en leur lieu actuel.

4 Avril, Mgr l'Evêque assisté de M. l'abbé Groux, archidiacre de N. D., vient bénir 3 nouvelles cloches qui ont été payées par souscription, pour remplacer l'ancienne cloche de St-Nicolas cassée le 2 Novembre 1885.   La paroisse possède donc aujourd'hui 4 cloches: la 1ère, le bourdon de 1682, Michel, du poids de 2,500 k., donne (le si); la 2e, 1,235 k. (ré dièze) Claire Louise; la 3e, 782 k. (fa dièze) Jeanne Marguerite Marie; la 4e, 302 k. (le si) Louise Angèle. La fête de la bénédiction avait attiré à Gonesse une foule considérable, l'Eglise était comble, 10 prêtres accompagnaient Mgr dans les cérémonies des vêpres solennelles, de la bénédiction des cloches et du salut. Gonesse conservera longtemps le souvenir de cette fête des cloches.

1889 Le 1er Novembre, une mission a été commencée par 2 pères redemptoristes. Cette mission attira tout Gonesse à l'Eglise et produisit de consolants résultats.

1890 Au mois d'Avril, le renouvellement de la mission, grâce au zèle du R. P. Wibaux, eut lieu avec un égal succès. C'est à la suite de cette mission que furent érigés les deux tableaux de N. D. du Perpétuel Secours et de la Ste Face.

1891 Le Dimanche 6 Décembre, deux statues de St-Pierre et de St-Nicolas ont été placées de chaque côté de la porte de la sacristie, et bénites après la grand'messe.

1893 Janvier, M. l'abbé Justin Lempérier est nommé chanoine titulaire de la cathédrale, et le 12 Mars 1893 M. l'abbé Charles Reure, curé de Draveil, est nommé doyen de Gonesse.

1894 Réparation totale des vitraux des galeries , grâce à la générosité de M. Henri Poiret, nouveau membre du conseil de
fabrique.

1895 Avril, Erection d'une statue de St-Antoine de Padoue, près
des fonts baptismaux.

Cette même année Mission par M. l'abbé Lemay, curé
de Gargenville.

Nous lisons dans la Croix de S.-et-O., à la date du 6 Avril:

*Gonesse a eu le bonheur d'avoir cette année, une mission. Un
prêtre du diocèse, M. l'abbé Lemay, qui prêche la station quadragé-
simale, avait la consolation de voir réunis autour de la chaire, de
5 à 600 personnes. À ces pieuses réunions, il eut la pensée d'ajouter
des conférences d'hommes. Ces conférences ont eu lieu dans le local
du Patronage, et ont réuni un auditoire composé exclusivement
d'hommes, sans cesse plus nombreux. Les Patronages, la Propriété
la Famille, la Patrie, tels ont été les sujets traités. Les applaudissements n'ont pas manqué à l'orateur, et les 150 hommes qui l'ont
entendu dimanche dernier parler sur la France et sur le drapeau, en des
termes si chaleureux et si convaincus, aimeront à l'entendre encore
et à le voir revenir dans notre petite ville, où il a reçu un si
sympathique accueil.*

APPENDICE

Notre vieille cité féodale fait actuellement une assez triste impression, si on la compare aux villages environnants. Peu ou pas de verdure, pas de jolis jardins, pas de villas bourgeoises, les rues sont étroites et noires, peu praticables en temps de pluie, la boue de Gonesse était déjà mentionnée, nous l'avons vu, au XVIIe siècle ; seule, la grande rue, et quelques fermes vastes et de belle allure prouvent encore que l'ancienne prospérité du lieu n'est pas complètement éteinte. Au reste si nous pénétrons dans la vie intime des habitants, nous reconnaîtrons qu'ils sont toujours dignes de leur vieille réputation de gens actifs et laborieux: ils travaillent aux champs ou à la raffinerie de sucre, aux manufactures de boutons, aux fabriques de chapeaux, de bonneterie et de passementerie. Au point de vue religieux, Gonesse n'a pas dégénéré; les œuvres paroissiales y sont prospères; crèches, écoles, asile, confréries de jeunes filles et de mères chrétiennes; patronage de jeunes gens, telles sont les œuvres existantes. Si l'on ne compte plus, près de 1000 communiants dans chacune des deux paroisses, comme sous Louis XIV, nous devons à la vérité, de dire que le pays est animé d'un bon esprit chrétien qui tend à s'accroître.

Puisse cet esprit chrétien se conserver et augmenter de plus en plus, c'est le vœu le plus cher que nous puissions formuler à la fin

de notre travail ! Chers paroissiens de Gonesse, cherchez avant tout
le royaume de Dieu et sa justice, et le reste vous sera donné par
surcroît !

Quaerite primum regnum Dei et justitiam ejus, et omnia
adjicientur vobis ! (St Matt. chap. VI, 33)

Curés et Vicaires de Saint Pierre

MAGISTER REGINALDUS, curé	1273
Messire GEOFFROY, curé	1293
JEHAN LECLERC, curé	1381
JEHAN de VERNEUIL, curé	1414
BARTHÉLEMY FÉRANT, curé	1466 — 1486
JEHAN GUYON, curé	1486 — ?
ESTIENNE BONIFACE, curé	?
JEHAN DEVOULGES, curé	?
GUILLAUME LEMARCHAND, vicaire	1590
DENIS DELARONDE, vicaire	
ANTOINE de GERBEUILLE, vicaire	
PIERRE BAUDENAILLE, vicaire	
BERNARD DESCOUYS, curé	1601
NICOLAS DUCROCQ, vicaire	1617
RICQUET, vicaire	1625
BERNARD d'HOUYE, curé	1628 — 1631
ÉLIE DUFRESNE de MINCÉ, curé	1631 — 1667

JACQUES CHOSNART, vicaire	1662
JEAN DOMONT, curé	1667 — 1707
CHARLES CARSILLIER, curé	1707 — 1742
LOUIS DELABRUYÈRE, vicaire	1710
MICHEL MAHADY, curé	1742 — 1762
EUGÈNE AUMELLANE, vicaire	1758
PONTUS, vicaire	1758
MASSE, vicaire	1758
SIMON, vicaire	
JOSEPH JOLLIVET, curé	1762 — 1795
PIERRE GILLET, vicaire	1763
HARDY, vicaire	1768
HART, vicaire	1768
CAJARE, vicaire	1771
DUFFLOT, vicaire	1780
BARRA, vicaire	1785
MARÉCHAL, vicaire	1785
LELIÉVRE, vicaire	1787
ADANT, vicaire	1792
PROVOST, vicaire	1792
ROBERT, vicaire	1792
FLORY, vicaire	1792
GELIN, vicaire	1793
JACQUES DECHARD, vicaire 1785, curé 1795 — 1802
NICOLAS JEAN ANTOINE DENIS, curé 1802 — 1828
HOUSSIN, vicaire	1806
APPERT, vicaire	1807
DEPREZ, vicaire	1818
RAUDON, vicaire	1818
BRICE, vicaire	1819

Grison, vicaire		1824
Millet, vicaire		1824
Pierre Nicolas Bourgeois, curé	1828 —	1831
Jean Baptiste Joseph Dujardin, curé	1831 —	1847
Jean Baptiste Félix Ledéchaux, curé	1847 —	1871
Gaillard, vicaire		1850
Suret, vicaire	1852 —	1856
Fleury-Hottot, vicaire (¹)	1856 —	1861
D. Léger, vicaire	1861 —	1871
Pierre Ernest Thibault, curé	1871 —	1884
Louis Beldame, vicaire	1871 —	1872
Pierre François Bonnin, vic.	1873 —	1875
Louis Alphonse Cochois, vic.	1875 —	1878
Paul Pierre Jules Blanc, vic.	1878 —	1881
Léopold Albert Granger, vic.	1881 —	1885
Justin Antoine Lempérier, curé	1885 —	1893
Charles Beure, curé	1893 —	
Francis Maréchal, vicaire	1890 —	

(¹) Mort évêque de Bayonne & 1887

Chapitre VIII

L'HOTEL-DIEU 1208-1895

Vers la fin du XIIe siècle, il existait dans un petit village,
non loin de Gonesse, et qu'on appelait alors *Tilleium*,
Telleium ou *Tilliacum*, un château habité par Pierre de
Thillay ; d'où le nom qu'il porte aujourd'hui. Parmi les fondations
de ce seigneur, la principale est sans contredit l'Hôtel-Dieu, qu'il
établit à Gonesse à deux kilomètres de sa résidence. Pourquoi n'a-t-
il pas choisi le berceau de ses pères pour y établir cette institution charitable ? nous ne saurions le dire. Contentons-nous de
résumer brièvement ce qui nous a paru plus digne d'intérêt dans
l'ouvrage que M. Léopold Delisle fit paraître en 1859, et qu'il
tira des archives de l'hospice.

La première pièce relative à la fondation de l'Hôtel-Dieu de
Gonesse, est une charte de Robert, évêque de Bayeux, datée du
20 novembre 1208, à Caen, dans la chapelle du Roi. Le prélat fait

savoir (¹) que Pierre de Thillay et Aveline, sa femme, ont donné
à l'Hôtel-Dieu déjà commencé, cent arpents de terre sur le territoire
de Gonesse et du Tremblay, sept quartiers de vigne à Deuil, leurs
maisons de Paris, leur dîme de Bonneuil, et une somme de deux
cents livres de parisis pour construire les murailles de l'Édifice.
Pierre, évêque de Paris, confirma ces donations au mois de novembre de la même année ; il nous apprend que les maisons données
à l'Hôtel-Dieu étaient situées près de l'abbaye de St-Magloire de
Paris, dans la rue des Prêcheurs (²). Le même évêque, en janvier
1211, garantit au fondateur le droit de diriger l'Hôtel-Dieu sa vie
durant. Trois chartes de Pierre de Thillay lui-même, en 1215,
1217 et 1218, donnent le détail des biens dont il avait doté cet
établissement.

Pour indemniser le curé de St-Pierre du tort que la fondation
de l'Hôtel-Dieu pouvait causer à la cure, Pierre lui assigna en
janvier 1211, une rente d'un muid de froment et une somme de
douze livres de parisis, qui devait être employée à acheter des
terres ou des vignes. De plus, il déclara en 1215 que l'Hôtel-
Dieu devait entretenir une lampe à perpétuité devant l'autel de
l'Église St-Pierre.

Dans les deux premières chartes de fondation de l'Hôtel-Dieu,
figure Aveline de Saint-Cyr, femme de Pierre de Thillay. Un passage du registre de Pierre, nous apprend que cette dame était fille
d'Eude de St-Cyr. Nous ne saurions dire si Pierre de Thillay laissa
des fils, peut-être faut-il rattacher à sa famille Guy de Thillay, cité
en 1230, et Pierre de Thillay qui vivait en 1258 et qui portait un
chevron sur son écu. Quoi qu'il en soit, le fondateur de l'Hôtel-Dieu

(1) Archives de l'H. D., charte cote A.
(2)   id.   id.   cote E.

avait une fille nommée Héloïse ; il la maria à un chevalier du voisinage, Eude du Tremblay.

D'après un acte qui doit être de l'année 1225 ou environ, il semble que cet Eude du Tremblay avait dès lors succédé à Pierre de Thillay dans ses seigneuries de Normandie. Une charte du doyen et du chapitre de l'Eglise de Paris permet de supposer que Pierre de Thillay vivait encore en 1227. L'Eglise de Thillay prétend posséder son tombeau. M. L. Delisle et l'abbé Lebœuf disent qu'il fut enterré avec sa femme dans la chapelle de l'Hôtel-Dieu qu'ils avaient fondé. Leur monument existait encore au XVIIIe siècle.

Voici la description que l'abbé Lebœuf nous en a laissée.

« Les deux fondateurs sont figurés sur leur tombe avec un « arc sur leur tête, où sont des vers latins très difficiles à lire et « qui finissent par ces deux syllabes *trida*. »

Les derniers vestiges de ce monument ont disparu ; mais la mémoire de Pierre de Thillay et d'Aveline de Saint-Cyr vit encore dans le souvenir des habitants de Gonesse. Jusqu'à ces derniers temps, ils aimaient à donner à leurs filles le nom d'Aveline ; une rue du Pays, qui s'appelait autrefois rue de Betwal et rue des Forges, s'appelle aujourd'hui rue Pierre de Thillay, et dans le vestibule du nouvel Hôtel-Dieu, reconstruit en 1841, ils ont eu soin d'encastrer une table de marbre, sur laquelle l'inscription suivante a été gravée au commencement du règne de Louis XIV :

Deo optimo maximo.

L'an de grâce 1208, du règne de Philippe II dit Dieudonné, roy de France, Mre Pierre de Teillay, chevalier, seigneur de Friebois, Mesnil-Maugier, Barneville, Amundeville, Quisbérville, etc.

et dame *Aveline de St-Cyr*, son espouse, ont fondé cet Hostel-Dieu de
Gonnesse.

Le règlement de l'évêque de Paris au mois de janvier 1211
avait surtout pour but de sauvegarder les intérêts de l'Eglise paroissiale. On convint que les paroissiens ne seraient pas admis dans la
chapelle de l'Hôtel-Dieu aux offices des fêtes annuelles, savoir:
Pâques, la Pentecôte, Noël, la Toussaint et la St-Pierre. Il était
défendu aux prêtres de l'Hôtel-Dieu, de recevoir les paroissiens,
même les serviteurs de la maison, pour les épousailles, les confessions et les relevailles. Si un paroissien se faisait porter à l'hôpital
pendant une maladie, pour y prendre l'habit, et s'il mourait de
cette maladie, son corps devait d'abord être présenté à l'Eglise
paroissiale; mais cette formalité n'était pas exigée, si le malade
avait pu se rendre à pied à l'hôpital. A son lit de mort, nul paroissien ne pouvait faire de dispositions testamentaires au profit de
l'Hôtel-Dieu, s'il n'en avait d'abord fait au profit de l'Eglise paroissiale; toutefois les personnes qui étaient en bonne santé quand elles
prenaient l'habit hospitalier, n'étaient obligées de faire ni legs, ni
fondations en faveur de l'Eglise.

Les prêtres de l'Hôtel-Dieu devaient s'engager à observer ponc-
tuellement ce règlement.

L'Hôtel-Dieu était administré par un prieur et une prieure
avec le concours d'une communauté de sœurs et de frères, dont
les uns étaient laïcs et les autres engagés dans les ordres sacrés.
L'évêque de Paris désignait ordinairement les membres que la
communauté devait recevoir. Le roi jouissait aussi d'un droit de
présentation. La plupart des frères que la communauté accueillait
dans son sein lui abandonnaient tous leurs biens. Le prieur était
nommé par l'évêque de Paris; mais il était sans doute élu par la

communauté ; ce fut en vain que, vers l'année 1340, Philippe de Valois voulut donner à Bertrand Gaudion le gouvernement de la maison.

Nous possédons les noms de quelques-uns des prieurs du XIII° au XVI° siècle. Les bourgeois de Gonesse prirent toujours une part plus ou moins directe à l'administration de l'Hôtel-Dieu. En 1211 il était déjà reconnu qu'après la mort du fondateur, l'évêque de Paris aurait la direction de la maison, de concert avec les prud'hommes du lieu. Le service fut assuré pendant plus de 5 siècles par les Dominicains, une pièce des archives les désigne ainsi : Religieux Jacobins réformés de la rue St-Honoré à Paris, province de St-Louis.

Deux procès-verbaux, dressés en 1351 et 1369, par des commissaires que l'évêque de Paris avait chargés de visiter les Maisons-Dieu, léproseries et autres établissements charitables du diocèse, nous font connaître l'état de l'Hôtel-Dieu au XIVe siècle. Il y avait en 1351 treize frères, y compris le prieur, et sept sœurs y compris la prieure. De l'inventaire des objets de literie, il semble permis de conclure qu'il y avait 50 lits pour les pauvres. L'Hôtel-Dieu possédait huit chevaux, trois charrettes, trois charrues, 6 vaches, 40 porcs et environ 300 brebis. On récoltait environ seize muids de blé, 10 d'avoine et 80 tonneaux de vin. En 1369, on employait onze personnes qui, selon toute apparence, louaient leur travail à l'année ; elles servaient à conduire les charrettes et à garder les bestiaux.

Comme la plupart des frères étaient prêtres, ils avaient à acquitter des fondations pieuses qui sont en assez grand nombre et parmi lesquelles nous citerons :

Celles de PIERRE DU COUDRAY 1240

        ROBERT GIRAUD et MATHILDE sa femme   1300

        JACQUES de Gonesse 1313

        MARIE RANCE, Veuve du Seigneur de MÉNIL 1328

        Jeanne, Veuve de GILLES MENESSIER   1331

        JEAN ROMAIN et JEAN DECROUST 1344

        NICOLAS MENESSIER   1387

        La Reine ISABEAU DE BAVIÈRE   1431 etc., etc.

La liste de tous ces bienfaiteurs serait trop longue à énumérer.

La chapelle des Dominicains construite en 1208, n'était en 1621 qu'une chapelle champêtre toute nue et menaçant ruine. Lorsqu'à cette époque, le 13 Avril, ces religieux signèrent un concordat avec les habitants de Gonesse, et reprirent la direction de l'Hôtel-Dieu, comme nous le verrons plus loin. Ils firent alors de cette chapelle une Église des plus régulières et des plus ornées. Elle avait une grande entrée sur la rue basse St-Pierre, en face du chevet de l'Église paroissiale. De plus, un portique, un clocher, une grande nef avec deux ailes et cinq autels, savoir: le maître-autel et 4 chapelles fermées de balustrades, revêtues de lambris, de menuiseries, enrichies de peintures à filets d'or et ornées de rétables, de menuiseries et sculptures dorées avec de très beaux tableaux des meilleurs peintres. Ces 4 chapelles étaient dédiées, l'une à St-Louis, en 1300, c'est-à-dire deux ans après la canonisation du saint roi; l'autre à St-Jacques, la troisième et la quatrième à St-Blaise et à St-Ruffe. Cette description nous fait penser que l'Église des Dominicains devait être aussi grande que celle de St-Nicolas. Nous avons vu plus haut qu'elle servit de club pendant la Révolution. Reconnue comme irréparable vers 1825, elle fut démolie et il reste à peine quelques traces des fenêtres du chœur

L'Hôtel-Dieu recevait de pauvres malades ; les statuts de 1369 portent que ces malades devaient toujours être servis avant le maître et les frères de la maison.

Les pauvres passants qui venaient coucher à l'Hôtel-Dieu recevaient autant que possible une ration de pain. La nourriture des frères comme des pauvres se composait de viande fraîche les dimanche, mardi et jeudi ; du lard le lundi, avec des œufs ou du fromage au repas du soir ; enfin, des œufs, les mercredi, vendredi et samedi. A cet ordinaire s'ajoutaient les autres aliments qu'il était possible de se procurer. (1)

Les lépreux n'étaient pas reçus à l'Hôtel-Dieu. Ils avaient à Gonesse un asile particulier, dont l'emplacement est encore connu de nos jours sous le nom de « la Madeleine ». Nous ignorons l'origine de cette léproserie qui est mentionnée pour la première fois dans le registre de Pierre de Thillay vers l'an 1220, puis dans le cartulaire de St-Denis en 1241 et dans celui de N. D. de Paris en 1270.

Il existe aux archives nationales, d'assez nombreux documents qui pourraient servir à écrire l'histoire de la *maladrerie* de Gonesse, qui eut jusqu'à Louis XIV une existence indépendante. Mais en 1693 ce prince rendit un édit, dont l'original existe aux archives de l'hospice (cassette cote B B) par lequel toutes les maladreries et léproseries étaient réunies à l'ordre de N. D. du Mont Carmel et de St-Lazare de Jérusalem. Les lettres patentes de Louis XIV datées de Versailles (avril 1608) avec son sceau en

(1) Compte de la tour celérinité de l'hospice du 31 Octobre 1569.
Donné pour du beurre 11 sols (les 2 livres)
Safrans 12 sols
1 fromage 6 sols
des œuf 13 sols (le catteron)!

cire verte, portent « réunion à l'hôpital de Gonesse des biens de la
« maladrerie de Gonesse, de la maladrerie du Tremblay et du
« quart des dîmes de Thillay dépendant de la maladrerie de Fonte-
« nay sous le bois de Vincennes. »

La chapelle de la Madeleine, située entre le chemin de Sarcelles
et le sentier qui mène à Arnouville, subsista jusqu'à la Révolution.
C'était la propriété de l'hospice, les deux paroisses y allaient
souvent en procession, à la Fête Dieu par exemple. En 1704, elle
fut louée et tous les objets du culte vendus.

Le 12 thermidor an VII, nous lisons un rapport du commissaire
du directoire exécutif, relativement au prétendu miracle qui se
faisait à l'endroit connu ci-devant sous le nom de la Madeleine,
duquel rapport il résulte que deux citoyennes de la Commune sont
entrées dans ladite chapelle, qu'elles y ont allumé un bout de cierge
qu'elles y ont déposé un petit crucifix, un écritoire avec sa plume,
une feuille de papier sur laquelle était écrite une espèce de conjura-
tion au nom du grand Dieu vivant, adressée à l'âme souffrante de
défunt Jollivet. Elles sont entrées avec la clé du citoyen Duvivier
l'un des membres composant la commission administrative civile de
Gonesse, auquel hospice appartient ladite chapelle . . . . . .

Nous avons vu (page 140) que le citoyen Sollier, maire, avait
eu, lui aussi, bien des ennuis avec cette superstition. Quatre jours
après, le 16 thermidor, nous lisons aux archives un nouveau rapport au sujet de la Madeleine:

Considérant que la ci-devant chapelle de la Madeleine est de toute
inutilité, que c'est un bâtiment spacieux qui, faute d'être entretenu,
devient de jour en jour en plus mauvais état, qu'en le démolissant,
il en résulterait un avantage d'autant plus certain, qu'avec les

matériaux qu'on en tirerait, on pourrait faire la reconstruction des murs qui sont à réparer à une ferme de l'hospice, située à Bouqueval que cette mesure est d'autant plus urgente, que cet édifice pourrait devenir une seconde fois le foyer du fanatisme . . . .

Arrête : La ci-devant chapelle de la Madeleine sera démolie . .

Signe : DÉCHARD, LEVASSEUR, ABRAHAM, etc.

Les deux citoyennes *coupables,* étaient la fille Dubois et la citoyenne Dupil. Le citoyen Duvivier fut suspendu de ses fonctions, et probablement aussi, le maire Sollier. L'arrêté ci-dessus fut exécuté. On voyait encore vers 1820, des vestiges de cette vieille chapelle; on trouverait peut-être encore les fondations de l'édifice, si l'on creusait la butte où il s'élevait.

Pour en revenir à l'Hôtel-Dieu, les lettres patentes de Louis XIV dont nous avons parlé, ne sont pas les seuls autographes qu'il possède; nous mentionnerons encore les bulles des papes Innocent III, Grégoire X et Grégoire XI; des lettres patentes de Philippe Auguste, Charles VI, Isabelle de Bavière, Gaston de France, et du chancelier D'Aguesseau, etc., etc. Avec toutes les archives de l'hospice, et celles plus nombreuses encore de Paris (archives nationales), on pourrait écrire l'histoire complète et détaillée de l'Hôtel-Dieu, depuis le XIIIe siècle jusqu'à nos jours. C'est une tâche que nous n'avons pas osé aborder.

Citons çà et là quelques faits, les plus saillants:

En 1601, dans les ridicules démêlés des Jacobins de la rue St-Honoré, les habitants de Gonesse fournirent des secours à ces derniers, contre les prêtres du Mont Valérien, qui, de leur côté, étaient soutenus par les habitants de Nanterre. Les Jacobins l'emportèrent;

un boulanger de Gonesse fut tué dans la bagarre, et le Parlement rendit en 1604, un arrêt qui restituait la propriété contestée du Mont-Valérien aux prêtres de Paris, les premiers possesseurs. Les Jacobins prétendirent aussi, quelque temps après, que l'on pouvait faire ses Pâques dans leur Église, mais sur les représentations des curés de Gonesse, Goussainville et Thillay, l'archevêque rendit contre eux une ordonnance le 17 Mars 1608. En 1690, signalons encore un procès important contre les marguilliers de St-Pierre et de St-Nicolas, à propos d'un demi muid de vin servant à l'ablution après la communion des paroissiens à Pâques; nous ignorons la solution qu'eut ce procès. Enfin le 20 Juin 1698, notons la visite de l'archevêque de Paris, le cardinal de Noailles.

La direction de l'Hôtel-Dieu fut, peu de tempsaprès la mort du fondateur, confiée aux prieurs.

Nous possédons aux archives, quelques noms de ces prieurs. Citons :

GUILLAUME, en 1259, 1261, 1264

PIERRE de GARLANDE, en 1285, 1291, 1292 et 1293

JEAN de WIRMES, en 1316, 1328 et 1329

HENRI LE QUEU, en 1317 et 1351

GUILLAUME de LOUVRES, en 1360

PIERRE de la FONTAINE, en 1373 et 1378

PHILIPPE de ROYAL-LIEU, en 1387 et 1389

IVE l'OUVRIER, en 1390 et 1398

ÉTIENNE PONCIN, en 1405 et 1420

JACQUES le CONSTRE, en 1431

JEAN le SEMEUR, en 1478

GUILLAUME FEDEAU, en 1499 et 1502

Les religieux dominicains qui avaient encore l'hospice en 1500, furent remplacés par 15 administrateurs séculiers qui se succédèrent les uns aux autres. Ceux-ci, au lieu de brûler du feu sacré de la charité, ne pensèrent qu'à gaspiller le patrimoine des pauvres. Un d'eux, nommé Chicot, fut constitué prisonnier au châtelet de Paris, par le grand prévôt, pour avoir fait disparaître des titres.

Un autre, en 1600, François Desnoyers, écuyer et commissaire ordinaire des guerres, fut obligé de se démettre; il avait mis les revenus de l'hospice en sous-ferme entre les mains d'un nommé Jean Levatier. Au commencement du XVII° siècle, on envoya trois prêtres pour remédier à tant de maux. La reconnaissance (disent les archives) nous fait un devoir de les nommer. Ce furent : Pierre Boisseau, prêtre et principal du collège de l'Ave Maria; Nicolas Boulanger, lui succéda en 1611; puis Richard Dognon.. prêtre, bachelier en théologie, chanoine de Verdun. Celui-ci en se démettant, désirait vivement qu'une communauté de religieux le remplaçât; aussi pour faire réussir son dessein, en conféra-t-il avec Mgr le cardinal de Retz, alors évêque de Paris. On consulta les habitants, et tous les vœux appelèrent à son remplacement les religieux Jacobins de la rue St-Honoré, que le roi venait d'établir à Paris. C'est ainsi que les dominicains reprirent la direction de l'Hôtel-Dieu qu'ils avaient eu dès l'origine. Dans l'inscription en lettres d'or, placée au-dessus de la porte d'entrée de la salle des malades, il était expressément marqué que l'Hôtel-Dieu avait été fondé en 1208, et que MM. les Jacobins avaient été appelés à l'administration dudit Hôtel-Dieu en 1629.

Vers la fin du XVIII° siècle, l'hospice, tout en conservant les Dominicains, fut aussi desservi par les sœurs de St-Vincent de Paul. La première supérieure, sœur Thérèse Champy, s'installa le 11 septembre 1765 avec trois religieuses. On voit encore dans l'Eglise de Roissy sous les fonts baptismaux, la pierre tombale de cette religieuse;

Le 15 décembre 1774, deux autres religieuses furent envoyées pour faire l'école aux filles. Nous trouvons en effet dans un registre de délibération, cette mention :

« Mgr le garde des sceaux, de Machault, comte d'Arnouville, seigneur de ce lieu et protecteur de l'Hôtel-Dieu, vient d'ajouter et de donner de nouvelles marques de sa générosité et protection envers les pauvres de ce lieu, en faisant élever un bâtiment pour servir aux écoles de filles des deux paroisses, et deux sœurs de charité pour instruire la jeunesse et lui donner des principes de piété et de religion. »

Les revenus de l'hôpital à cette époque et jusqu'en 1789, étaient de 15 à 10,000 fr. Nous avons tout un règlement du Parlement, pour l'administration de l'Hôtel-Dieu du 18 juillet 1785, dans lequel il est dit : que depuis 1701, le nombre des habitants a diminué et par conséquent aussi le nombre des notables; qu'il paraît convenable d'appeler à l'administration de l'Hôtel-Dieu les curés des 2 paroisses, ainsi que ceux d'Arnouville et Garges. Suivent ensuite les articles du Règlement, trop nombreux pour être ici relatés. Disons toutefois que les religieux Jacobins sont tenus de célébrer tous les jours, l'office divin dans leur Eglise, une messe basse tous les jours, dans la salle des malades, d'acquitter les obits et fondations, d'avoir toujours dans leur maison, au moins cinq religieux prêtres, pour ces services.

Les administrateurs, en plus des 4 curés désignés plus haut et qui étaient administrateurs-nés, étaient élus parmi les habitants notables, un, dans chacune de ces quatre paroisses. On crut bien faire, en 1882, d'éloigner le prêtre de l'administration de l'hôpital. On reviendra sans doute un jour, sur cette décision contraire au bon sens et à la logique ; le prêtre n'est-il pas désigné, par sa profession même, pour l'exercice de la charité ?

Lorsque les Jacobins cessèrent d'avoir une part dans le revenu général, leur traitement fut une somme déterminée (200 fr. pour chacun). Ceci arriva sous le cardinal de Retz. On voit qu'ils recevaient en 1785, 817 fr. pour leur pension annuelle et pour l'acquit des fondations.

L'Hôtel-Dieu souffrit beaucoup de la tourmente révolutionnaire. En 1789, on comptait 6 religieuses, avec la sœur Chauvasseine, comme supérieure, et quatre religieux Dominicains. Le R. P. Jean Poirson, prieur, et le P. Letocart, tous deux prêtres, et deux frères laïcs. Tous prêtèrent le serment à la constitution civile du clergé. Ils allèrent si loin dans la soumission aux lois de la Convention, que le père prieur vint lui-même livrer les croix et l'argenterie dont il lui fut donné décharge (27 novembre 1792). Les sœurs vinrent au mois d'août de la même année, dire au district qu'obligées de quitter leur costume, elles étaient prêtes à se soumettre à la loi, mais qu'elles n'avaient pas le moyen de s'acheter de robes, et qu'elles priaient qu'on voulût bien leur donner une somme convenable. On agréa leur demande ; chacune des 6 sœurs reçut 150 livres, à condition qu'elle prêterait serment, et on les laissa tranquilles. Quant aux religieux dominicains, ils furent congédiés, et obligés d'émigrer ; le prieur resta à Gonesse sans être inquiété, car il avait donné assez de marques de soumission ; nous voyons qu'au 13 Vendémiaire, an VIII, il demanda un certificat pour lui permettre de se retirer dans le département de la Meurthe, son pays d'origine probablement. Le P. Letocart vint habiter la place Marat ; il prit chez lui, un pauvre fou, dont la pension servit à le faire vivre pendant toute la durée des jours mauvais. Du temps de M. Denis, il resta prêtre habitué à St-Pierre, et il mourut le 2 Mai 1813, à l'âge de 80 ans. L'Eglise de l'Hôtel-Dieu fut desservie, après le départ des P.P. dominicains, par un vicaire de St-Pierre qui venait y dire la messe le dimanche; on en fit ensuite un hôpital pour les volontaires nationaux malades, et enfin le lieu des réunions de la société populaire. Pendant la grande misère qui régnait à Gonesse et dont nous avons parlé plus haut(¹) l'hospice manqua plusieurs fois comme la ville, du strict nécessaire; le 5 vendémiaire, an III, on fut obligé de réquisitionner de la viande dans les villages voisins. La citoyenne Chauvasseine dit qu'elle était dénuée de tout et demanda qu'on vînt à son secours. L'administration du district reçut la lettre suivante le 8 vendémiaire, III; « *Le bureau de l'hospice considérant que les 18 lits sont continuellement occupés par les défenseurs de la patrie qui se trouvent contraints d'y séjourner lors de leur passage en cette commune ; considérant que l'hospice laisse à la République de superbes propriétés nationales, dont elle a déjà rendu une partie ; que la suppression des dîmes l'a privé depuis 1790 de 3,600 livres de revenus annuels. Les revenus actuels de l'hospice sont réduits à 1,000 livres et sa seule ressource pour couvrir le déficit occasionné par cette suppression est deux billets de 10,000 livres, dûs par Durcet dont la tête est tombée sous le glaive de la loy. Considérant que privé de ces ressources, ses besoins ont augmenté par la cherté des comestibles . . . . . . demande secours à l'administration du district* ».

Un mois après, le 8 brumaire, an III, on reçut 2,672 livres. Il est certain que l'hospice, étant donné la disette générale et l'abolition des dîmes, principale source de ses revenus, dut, en effet, passer bien tristement la période révolutionnaire.

(1) Voy. p. 110

Les administrateurs, à cette époque, ne se gênèrent pas pour veiller surtout à leurs intérêts. Il fut impossible de régulariser les comptes de l'an VII et de l'an VIII. Celui qui en fut chargé, dit que c'était un véritable labyrinthe où l'avaient égaré les administrateurs antérieurs à l'an IX. Un nommé Abraham, dont nous avons vu quelquefois la signature dans les comptes rendus de l'époque, mourut sans rendre ses comptes. Un autre, le sieur Proffit, que nous avons vu également, était tombé dans la plus profonde misère. Nous voyons même qu'en 1820, il recevait des bons de cet hospice qu'il avait si mal administré autrefois !

Sous l'empire, l'Hôtel-Dieu reprit peu à peu son ancienne prospérité. Monsieur Denis avait été nommé administrateur, il s'empressa de venir dire la messe le dimanche, comme avant la Révolution.

En 1807, on rétablit l'école de filles dans la maison de M. de Machault. Quant aux garçons, l'année suivante, on en plaça 40 chez les instituteurs MM. Plé et Mouton, aux frais de l'hospice, qui payait par chaque enfant 0 fr. 50 c. par mois.

Durant l'invasion de 1814, l'hospice fut encombré de prussiens, malades ou blessés, mais n'eut pas à souffrir des envahisseurs. La situation était devenue si prospère en 1824 que l'on proposa de prélever sur les revenus de l'hospice la somme de 700 fr. pour doter chaque année deux filles de la commune dont la conduite était donnée comme modèle. Parmi les conditions pour obtenir ces prix de vertu, la piété venait en premier lieu; jamais l'on n'eût admis à ces honneurs une jeune fille qui eût fréquenté le bal ou qui n'eût pas fait ses Pâques.

Les deux premières rosières furent en 1824 : Geneviève Louise Lefort et Catherine Élisabeth Berthelot; en 1825 : Angélique Victoire Félix et Marguerite Madeleine Pinel; en 1826 : Marguerite

12

Charlotte Dardelle et Françoise Marie Louvet ; en 1827 : Emilie Mouchy et Flore Julie Mouchy ; et en 1828 : Claudine Désirée Decouis et Sophie Langlois.

La cérémonie se faisait solennellement à l'Eglise, les deux couronnes étaient placées sur l'autel, puis bénites. Après le chant du Veni Creator, M. le curé adressait un compliment aux deux jeunes filles élues, puis elles s'agenouillaient devant l'autel, assistées de leur marraine. M. le curé posait sur leur front la couronne de roses blanches, emblème de leur vertu.

Cette institution des rosières finit en 1829, il fut impossible cette année-là, de trouver une jeune fille qui n'eut pas été à la danse. Il en fut de même en 1830, et les administrateurs découragés, ne tentèrent plus de soutenir et de continuer leur œuvre.

En 1839, les bâtiments du vieil Hôtel-Dieu étant devenus insuffisants et presque inhabitables, la reconstruction totale fut décidée.

Le 17 août 1839, on posait et on bénissait la première pierre. Le 11 novembre 1841, les nouveaux bâtiments étaient prêts et on inaugurait solennellement la nouvelle chapelle.

Ce nouvel Hôtel-Dieu a été construit sur l'emplacement d'une ancienne ferme lui appartenant, et les anciens bâtiments, conservés sous le nom de vieil hospice, servent aujourd'hui de logements pour les gens pauvres du pays.

Les enfants de l'asile prennent maintenant leurs ébats, sous les arceaux du cloître où furent si longtemps des moines !

Les ressources permirent de créer, le 25 avril 1865, un orphelinat de jeunes filles qui fut annexé à l'hospice. Cette création dura jusqu'en 1882. En 1886, on traça le plan du parc actuel, une plaque située dans les jardins en rappelle l'établissement. Nous avons parlé des remarquables archives dont l'hospice est possesseur; disons aussi que sa pharmacie possède de nombreuses poteries qu'on croit provenir de Chantilly et qui sont assez anciennes.

Nous croyons savoir qu'il est question d'inscrire sur le marbre les noms des bienfaiteurs anciens et nouveaux, ce serait une bonne pensée de reconnaissance !

L'hôtel-Dieu continue donc le but charitable pour lequel il fut fondé, il y a près de 7 siècles ; disons en terminant que 4 prêtres du diocèse, y ont, en ces derniers temps, trouvé un pacifique asile où ils ont terminé leurs jours; parmi eux, citons le vénérable abbé Charvet ancien aumônier des prisons de Versailles.

Les sœurs de St-Vincent de Paul y exercent depuis plus d'un siècle leur ministère admirable de charité, fidèles à l'esprit de leur saint fondateur.

St-Paul dit que la charité demeure éternellement. Rien ne saurait l'atteindre, ni les caprices des hommes, ni les injures inméritées. La philantropie est un mot humain, la charité essentiellement divine, a fait ses preuves dans la bonne ville de Gonesse, et on peut, suivant la parole de l'Evangile, juger l'arbre par ses fruits. Du berceau de la crèche, jusqu'à la couche funèbre de l'hospice, les sœurs de la charité ont essuyé bien des larmes, et montré qu'elles ne cherchaient point ici-bas une récompense humaine. Elles passent en faisant le bien et en s'oubliant elles-mêmes !

Amour sacré du prochain, que celui qui s'alimente et grandit au contact des misères humaines ! Amour trois fois sacré, que celui, qui, purifié par la pauvreté, par l'obéissance et la chasteté, va se fondre, étincelle divine, au foyer de l'amour divin !

30 Juin 1895.

F. MARÉCHAL

FIN

SUPÉRIEURES DE L'HOTEL-DIEU

Mesdames

Les Sœurs: THÉRÈSE CHAMPY	1765—1790
CHAUVASSEINE	1790—1790
MARIE de LANDT	1790—1809
MARIE BÉNÉDICTINE TADARY	1808—1813
ELISABETH REGNAULT	1813—1828
JULIE FERRET	1828—1830
GONDIÈRE	1830—1838
MARGUERITE FRANÇOISE GENEVIÈVE LAUREAU	1838—1843
LEBBÉ	1843—1844
PERROT	1844—1848
GUÉRINGAUD	1848—1854
TRUNEL	1854—1861
ANNE MARIE RICHELOT	1861—1867
BARBE RITZ	1867—1872
DURAND	1872—1877
DUPUY	1877—

ÉPILOGUE

Tout français aime d'abord sa patrie : la France, mais dans cette grande patrie qui fait battre le cœur et pour laquelle on sait donner son sang, il y en a une plus petite, c'est la ville natale, le village où l'on a vu le jour ; patrie diminuée et restreinte, mais c'est une parcelle sacrée de la grande patrie. On aime à suivre à travers les âges les grandeurs de la France, on se réjouit de ses joies, on s'afflige de ses douleurs ; on la voit naître, grandir, prospérer, on assiste à ses triomphes et aussi à ses épreuves. Mais quand on trouve dans les pages de l'histoire le nom du pays natal, on s'y arrête avec complaisance et aussi avec fierté. C'est l'histoire intime dans la grande histoire, comme les Mémoires écrits par les contemporains sont le complément nécessaire des faits historiques connus.

Or, c'est là tout l'objet de cet essai sur l'Histoire religieuse de Oonesse. Nous avons recherché tous les souvenirs qui s'y rattachent, nous avons évoqué la grande ombre du Passé de notre petite île, en feuilletant avec soin nos vieilles archives de la paroisse. Nous y avons noté les faits qui nous ont paru dignes d'intérêt. Beaucoup de familles y retrouveront leur nom, et salueront par la pensée ces ancêtres respectables qui ont vécu, travaillé, et qui sont morts sur le territoire de Gonesse à l'ombre du clocher de St-Pierre ou de St-Nicolas. Nous revoyons ainsi à travers les âges ce vieux clocher qui les a vus naître et qui depuis sept cents ans bientôt, a abrité leur berceau et protégé leur tombe.

Ce petit livre n'a pas eu d'autre ambition que de vous parler du Passé, dont le poëte Ronsard a dit avec vérité:

> Souvent, le souvenir de la chose passée,
> Quand on le renouvelle, est doux à la pensée.

INDEX ALPHABÉTIQUE

DES NOMS CITÉS

TABLE DES MATIÈRES

— 188 —

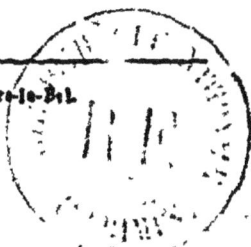

Minoufiet, Imp. Villiers-le-Bel.

Mecquet, imp Villiers-le-Bel

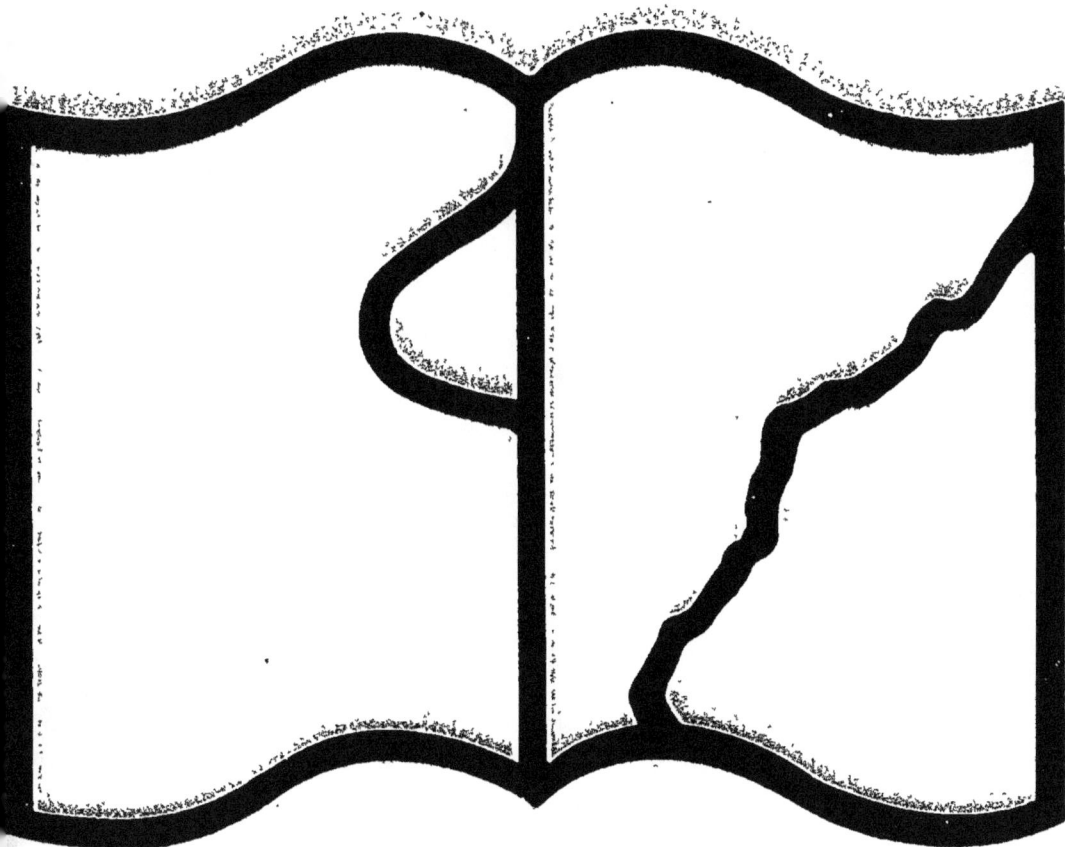

Texte détérioré — reliure défectueuse

NF Z 43-120-11

www.ingramcontent.com/pod-product-compliance
Lightning Source LLC
Chambersburg PA
CBHW071950110426
42744CB00030B/725